KB267859

# 미국,
# 알고 배우자!

# 미국, 알고 배우자!


**초판 1쇄 인쇄**    2013년 11월 18일
**초판 1쇄 발행**    2013년 11월 22일

**지은이**    최 주 천
**펴낸이**    손 형 국
**펴낸곳**    (주)북랩
**출판등록**    2004. 12. 1(제2012-000051호)
**주소**    153-786 서울시 금천구 가산디지털 1로 168,
우림라이온스밸리 B동 B113, 114호
**홈페이지**    www.book.co.kr
**전화번호**    (02)2026-5777
**팩스**    (02)2026-5747

ISBN    979-11-5585-075-6    03330(종이책)
979-11-5585-076-3    05330(전자책)





이 도서의 국립중앙도서관 출판시도서목록(CIP)은 서지정보유통지원시스템 홈페이지(http://seoji.
nl.go.kr)와 국가자료공동목록시스템(http://www.nl.go.kr/kolisnet)에서 이용하실 수 있습니다.
( CIP제어번호 : 2013024064 )

# 미국, 알고 배우자!



최주천 지음

book Lab

# • 차례

# I. 미국의 이모저모

# I.

1958년 내가 유학하던 당시 세계적인 베스트셀러였던 『추한 미국인 (The Ugly American)』은 2차 대전 승리 후 기고만장하게 된 일부 미국 사람이 동남아에서 그 지방 문화와 주민을 알지 못하고 거만을 부리는 모습을 묘사하는 책이다. 이어서 1963년 말런 브랜도(Marlon Brando) 주연의 영화는 미국 사람 자신을 깨우치게 하는 좋은 영화였다. 영화 중에 한 미얀마 사람이 미국 친구에게 "어떤 이유인지는 몰라도 내가 아는 미국 사람들이 외국에 오면 태도가 변한다(For some reason, the American people I meet in my country are not the same as the ones I knew in the U.S.)"라고 말하는 장면이 나오기도 한다.

나 역시 한국에서 비슷한 일을 경험했다. 1968년 조지아 대학에서 교수로 재직하던 나는 USAID/USOM(미 국무부 경제원조처)의 초청으로 한국에서 머물며 일하고 있었다. 그때 옆집 국무부 직원 관사에서 우리 부부를 식사에 초대해서 기쁜 마음으로 방문했는데 그 집 미국 안주인이 일하는 한국 아줌마를 'Bell(방울)'로 부르는 것을 우리 집사람(미국 농가 태생)이 보고 미국 사회에서는 볼 수 없는 거만한 짓이라며 오히려 나보다 더 분노한 적이 있다. 우리 집사람은 당시 폐허가 된 남편의 고향을 보면서 한 번도 더럽다, 먼지가 많다, 불편하다는 소리를 한 적이 없었고 어촌과 재래시장을 그렇게도 좋아했다. 워싱턴에 돌아가서도 병원에서 밤낮으로 일하면서 추수감사절에는 한국 대사관 가족 45명을 초대해 혼자서 요리하여 접대하기도 하고 자기도 못 사 입는 밍크코트를 시어머니에게 선물하기도 했다. 집사람은 먼저 세상을 떠났지만 그 모습만큼은 생생하게 아직도 마음에 남아 있다. 내 조카가 미국 고등학교의 물리교사로 일하는 아들에게 "너도 Lois 할머니 같은 미국 여자 있으면 얼른 장가가라"고 하니 "미국 여자들 얼마나 못됐다고요. 찾기 어려워요!" 하더란다.

　미국 사람들의 인성을 악 1에서 선

미 국무부 관사에서 집사람과 김인환 진흥청 청장가족(1968)

집사람과 모교 방문(1968)

집사람 경복궁 방문(1968)

10으로 나누면 흉측(凶測)한 1에서 천사(天使)10 까지 분포되어 있다. 한국과 일본 사람들은 아주 흉한 놈도 악당의 의리라는 것이 있어서 3에서 시작, 아무리 성인이라도 약간의 문화적 오염이 있어 천사가 아닌 7정도다. 하지만 미국은 다민족 미국이니 1-10까지 볼 수 있다.

그 후 반세기 동안 서로 몰라 볼 정도로 변한 내 나라가 된 미국, 내 고향인 한국의 좋은 점, 나쁜 점, 추한 점(the Good, the Bad, and the Ugly)을 고루 알고 서로 배울 것과 또 배우면 안 될 것들을 소개한다(Those that we should learn, and those that we should not learn).

요즘 한국 사회에서 아이들과 어른들까지 공중질서를 안 지키고 제멋대로 하는 것을 보면 우리가 '잘못된 미국 하층계급의 멋대로(Anything goes) 풍습을 배운 것인가?' 싶다. 건강 면에서도 우리의 우수한(소금을 줄인다면) 전통음식을 외면하고 기름과 설탕, 육류 위주의 잘못된 서구 음식으로 서구식 뚱뚱이가 되는 경향이 많다.

국가정책 차원에서도 과다하고 무리한 정부복지로 미국을 비롯한 서구 국가들이 재정난으로 정부가 문을 닫고 복지제도 수혜자에게 약속한 돈줄을 끊어 빈민들은 '내 밥통'을 끊은 정부 나가라 하고 화염병을 던지며 난리를 친다.

그래서 미국 정부도 복지 수혜자는 물론 복지제도를 시행하는 공무원까지 당분간(?) 봉급을 못 주고 있다. 이 '연극'은 분수에 넘는 복지를 계속 시행하는 한 '연속극'이 될 것이다. 나는 미국 정부에서 복지행정 공무원으로 일했는데, 내가 지금 그 자리에 있었다면 나 역시 복지 재원 고갈로 당분간 혜택을 받지 못하는 수혜자 대열에 함께 줄서게 되는 신세가 되었을 것이다.

일부 한국 정책자들은 한국의 복지정책도 OECD 수준으로 올려야 한다고 하는데 이 소위 말하는 '선진국'들이 이미 복지정책 실패의 모범이 되어 우리보다 한 발 앞서 '후진'하고 있지 않은가? 우리 선현의 말씀 중에 '빈곤은 나라님도 못 구한다'는 말이 있다. 이 마당에 우리가 복지정책에 완패한 선진 서구 양반들의 '본'을 볼 것인가, 아니면 우리 선현의 말씀을 약간이라도 들을 것인가?

좋다, 나쁘다는 것은 각자의 주관적 판단이지만 '등잔 밑이 어둡다'는 우리 속담처럼 내 고향 한국, 내 나라 미국을 객관적으로 보고 서로 모르는 것들을 지적하며 배워야 할 것과 멀리 해야 할 것들을 이 책에 소개하고자 한다.

그래서 우리가 미국과 미국 사람들을 더 알고 서로 배울 것과 배우면 안 될 것을 분별하면서 같이 앞으로 나가면서 더 좋은 세계를 같이 만들어 가자는 것이다(Let us understand and learn from each other, and keep moving forward to build a better World together).

이제는 세상이 뒤바뀌었다. 19세기 전만 해도 한 나라가 다른 나라를 점령하면 제국주의 열강, 특히 일본의 경우는 식민지의 재원 수탈, 거주민 학대와 차별을 일삼았지만 이제는 반대가 되었다. 대표적인 예로 미국의 이라크-아프가니스탄 점령을 들 수 있다. 막대한 전쟁과 치안 경비를 부담하면서 끊임없는 인명 손실로 진절머리가

난 미국 국민들은 '치안 유지가 불가능한 나라에서 하루 빨리 철군하라(Get the hell out of the God damn places quick)!'고 외치고 있다. 사실 미국 정부도 내일이 멀다 하고 눈치를 보면서 지금 철군하고 있다.

막대한 인명과 재원 손실에도 이라크와 아프가니스탄은 여전히 내전이 끝나지 않고 있다. 이에 따라 각종 원조를 받고 있는 이라크와 아프가니스탄 국민의 미국에 대한 원성도 높아지고 있다. 우리나라 명언에 '무엇 주고 뺨 맞는다'가 바로 지금 미국이 당하는 꼴이다.

이런 역사는 최근이 아닌 인류역사이다. 인류의 긴 역사를 볼 때 모든 제국들이 하나 없이 원점으로 돌아갔다. 5천 년 전 인류의 첫 제국 건립에서 지금까지 이집트, 그리스, 이탈리아, 중국, 몽골, 스페인, 영국, 프랑스, 일본, 러시아 등 일세를 풍미했던 국가 모두 그들 국민의 재물과 피로 약탈한 땅을 다 상실하고 살던 곳으로 돌아갔다. 그중 그리스, 스페인, 이탈리아 등은 군림했던 '옆집'에 쪽박 들고 구걸(Bail-Out)하는 불쌍한 꼴이 되고 말았다.

우리 조상은 몽골에서 만주와 한반도로 유민하여 5천 년 동안 끊임없이 가장 가까운 강대국(중국, 몽골, 만주족, 왜구 등)의 침범을 받아왔다. 그러는 와중에 금, 은, 각종토산물, 호랑이 가죽(한반도에서 호랑이가 사라진 하나의 원인이 되기도 함), 심지어 여자들까지 강탈당했다. 중국과 몽골의 회환녀(回還女)와 일본군 정신대(挺身隊)는 우리 민족의 서러운 과거사를 그대로 보여준다.

일본 문단의 석학인 시바(司馬) 선생의 글을 요약하면 '일본이라는 나라는 아주 이상한 나라이다. 역사적으로 일본은 특이한 이상한 나라라고 할 수밖에 없다. 국제사회와 상대국에는 아무 배려도 하지 않는 관습이 있어서 외국 사정을 아랑곳하지 않는 것이 정의(正義)고 오히려 외국을 배려하는 짓은 겁쟁이이며 때로는 매국노(賣國奴)로 볼 수밖에 없다는 생각을 한다(日本陣, 303쪽)"는 것이다.

지금은 고인(故人)이 된 시바 선생이 누구보다도 더 정직하고 정확하게 최근의 일본 정부와 아베 수상의 한국과 중국 간의 과거사, 독도, 중국과 러시아 간의 영토문제에 대한 '일본인 근성'을 분석하고 있고 이러한 일본인의 기이한 근성(쿠세)을 알리는 동시에 후손들에게 수신(修身)하라고 훈계하고 있는 것이다. 이 일본 정치인들의 고질화된 역사적 근성은 외부 압력으로는 절대 고칠 수가 없다. 우리말로 하면 이불 덮어 쓰고 만세 부르는 격이다.

패전으로 폐허가 된 일본을 미국이 세계적인 경제대국으로 재건해주었다. 그런데도 어떤 일본 작가는 이를 '미국의 점령', '미국의 음모', '미국이 일본을 최대 위협국으로 생각한다' 등의 괴상망측한 악담을 하고 있다. 선을 악으로 갚는 배은망덕한 사람들이다. 음모론은 약자가 강자에게 보여줄 수 있는 최후의 비겁한 수단인데 미국이 무엇이 두려워 비겁하게 음모를 짜고 일본에게 위협을 느낀다는 생각을 하는가! 망상도 분수가 있다! 미국 전쟁 역사가들은 일본의 청나라, 러시아, 진주만 공격은 국제관례인 '선전포고(Declaration of War)' 없는 비겁하기 짝이 없는 기습(일본말로는 후이우찌)이라고 판정한다. 임진왜란도 일본인이 좋아하는 후이우찌 전술로 시작되었다. 이런 짓은 일본 내에서도 빈번하게 일어났다. 역사적으로도 적군의 대장에게 자신의 딸을 시집보내 첫날밤에 남편의 목을 잘라오게 한 예가 있다(일본식 손자병법의 하나).

이런 몸서리나는 이웃을 피해서 지금 우리와 가장 가까운 나라는 이웃나라 중국과 일본이 아니라 바다 멀리에 있는 미국이다. 그동안의 문물과 사람의 왕래로 미국은 우리 학생들의 좋은 공부방이자 우리의 큰 시장이고 이미 개척된 좋은 '식민지'와 같다. 캘리포니아 주의 일부는 영어가 통하지 않고 한국말이 통하는 한국 동네 같은 느낌을 주기도 한다. 식민지가 따로 있나! '식민(植民)'은 국가가 국민을 무력을 써서든 아니든 이주시키는 곳을 의미한다.

영국은 흉작과 기근에 빠진 주민들을 이주시키기 위해 수단과 방법을 가리지 않았다. 원주민의 땅을 빼앗기 위해 기만 협정(알파벳 A도 모르는 원주민 추장에게 영토를 이양한다는 협정서를 보이고 서명을 받은 뒤 추장이 뒤늦게 속았다고 따지면 그 협정서를 내보이는 사기 수법. 서구식 손자병법일까), 협박, 살인 심지어 인류 첫 세균전을 동원했다는 것이다. 유럽인들이 가져온 천연두와 홍역 등의 전염병에 대한 면역성이 없었던 남북미 원주민들의 희생자 수는 항거하다 죽은 수보다 더 많았다. 이를 알게 된 백인들이 전염병으로 죽은 환자가 사용하던 모피 이불을 원주민과 물물교환하거나 그냥 주었다는 설도 있다.

서부 개척자들은 당시 한국식 볏짚 초가(Straw Roof)가 아닌 광야의 야생 잔디를 지붕에 올려(Grass Roof) 진짜 초가(草家)에서 가축과 같이 살기도 했다. 1950년대까지도 내 여자 친구 집에서는 장작불로 난방과 취사를 했고 큰 양동이에 물을 받아 부엌에서 목욕을 했으며 집에서 멀리 떨어진 옛날 한국식 뒷간(Out-House)을 썼다.

반면 한국 이민자들은 서구 양반들의 '서구식 손자병법'을 동원할 것도 없이 1975년대부터 비행기로 공항에 도착해서 이미 지어진 집에 집단 이주했다.

한국은 중국, 일본과 달리 조선시대 말에서 광복까지는 소수의 미국 유학, 이민, 여행자가 있었다(서재필 박사, 이승만 박사는 정치 성격을 띤 도피를 했음). 우리나라의 미국으로의 대거 유학, 이민, 방문은 6·25전쟁이 그 시초가 되었다.

6·25전쟁의 시발점은 일본의 패전과 한반도의 분단이다. 그때까지 우리의 미국에 대한 지식은 지식이라 할 것도 없었고 미국 정부와 국민도 한국에 대해 더 몰랐다. 나는 한반도 분단도 미국 사람들이 한국을 잘 몰라서 초래된 결과로 본다. 미국은 그 당시 한국 사람의 통치능력을 의심하고 한국 역사에 어두워 일본의 속국으로 간주했다. 그래서 1945년 8월 6일(미국의 히로시마 원폭 투하 직후) 참전한 소련에게 한반도의 절반을 소련의 요구에 따라 참전 대가로 넘겨준 것이다. 미국은 소련이 일본 땅을 넘겨 달라고 할 것을 우려했는데 38도선을 경계로 한 한반도 분단은 소련의 입을 막기 위한 희생양

이었다고 본다. 한국의 영토 절반을 주는 약속을 이행할 당시에 실무 부처인 미국 국무부에는 한국 지도도 한 장 없었다. 국무부 직원들이 지도를 찾던 중 마침 한 직원이 미국 사진 잡지 〈National Geography〉에 있는 한국 지도를 발견했고 이를 바탕으로 38도선이 한반도 중간쯤으로 보여 적당히 나눈 것이 우리 민족의 눈물의 38선이 되었고 그 후에 일어난 6·25 참사를 불러일으킨 것이다.

미국 정부 요인으로 6·25 당시 미국의 참전을 트루먼(Truman) 대통령에게 권유한 사람은 케네디(Kennedy)와 존슨(Johonson) 정부의 국무장관을 지낸 Dean Rusk이다. 1945년 Dean Rusk는 육군대령으로 한국 군정에 참여했고 미국 내 넘버원 한국통이기도 했다. 그분이 내가 전에 근무하던 조지아 주립대에서 특좌교수로 계실 때

Dean Rusk 전(前) 미 국무부 장관 방문(1985)

내가 새롭게 근무하게 된 경성대학과조지아 주립대가 자매관계가 맺고 있어 'The Rusk Cener'를 방문하여 옛 이야기를 하고 오기도 했다.

나의 부친은 대한제국 말기에 미국 정부에 100달러의 보증금(강제 송환 시 몸값: 당시 미국 근로자의 1년치 봉급)을 걸고 도미하여 5년간 체류하면서 영어, 수학, 지리학을 배워 대한제국 최초의 국토 측량을 하셨다.

나는 6·25를 겪은 후 초기 유학생으로 1957년에 여의도 비행장에서 출국하려다 가지고 있던 현금 100달러를 공항 검사원에게 몰수당했다. 당시 유학생에게 외화 한 푼도 가져갈 수 없게 하는 내 조국의 고약한 공무원과 비인간적인 국법은 아직까지 이해하지 못할 부분이다.

도착 공항인 시애틀(Seattle) 공항에서 10센트의 화장실 사용 요금도 없어서 목적지인 미니애폴리스(Minneapolis)에 갈 비행기를 탑승할 때까지 참기도 했다. 몇 시간 뒤 교통비도 없고 마중도 없는 미니애폴리스 공항에 도착했다.

미네소타(Minnesota)는 푸른 호수와 울창한 숲의 아름다운 도시였다. 또 여기저기 보이는 금발의 Pettyskirt 차림의 여학생들(학교에서 청바지는 금지하던 시기)의 모습에

필자의 유학길, 여의도 국제공항(1957)

떠날 때 공항에서 빼앗긴 100달러, 공항에서의 고생은 모두 바람과 같이 사라졌다(Gone with the wind!). 내가 떠날 당시 고향의 금수강산은 일제의 수탈과 6·25 전쟁으로 나무 없는 산, 물 마른 강으로 변했다. 고향의 비참한 모습에 익숙해져 그것을 보통으로 보았던 내 눈에는 천국 이 따로 없는 미국 첫인상이었다.

이 같은 고향에서의 고초와 마음의 단련 덕분에 미국에서의 공부, 학비와 생활비 마련, 문화 적응은 누워서 떡 먹기(Cake eating)였고 오히려 보람 있는 도전이었다. 미국 속담에도 '고생(苦生)이 사람의 성격을 만든다(Toughness builds characters)'는 말이 있다.

그 뒤 조지아 주립대학 교수로 근무하고, 미 국무부 원조처(USAID) 공무원으로 한국에서 일하기도 했으며, 미 농무부 경제관측 담당, 식품영양국 정책 담당을 거쳐 한국에서 대학교수, 정부기관의 자문 역할 등 주로 교직과 공직에 몸담고 있다가 2012년 5월에 고향으로 영구 귀국했다.

그동안 양쪽 문화권에서 학생, 교수로서의 생활과 미국 농가 출신인 부인과의 결혼생활, 일상생활을 통해 듣고 배운 것들을 내 고향(My home Korea) 한국 사람들에게 한국어(Korean Version)로 소개하고, 내 나라(My Country America) 미국 사람들에게는 영문판(English Version)으로 내 고향 한국을 알리고 미국 사람에게도 도움이 될 동방의 지혜(Wisdoms of the East)를 담고자 한다. 또한 미국의 오바마(Obama) 대통령이 말하는 한국 사람의 교육열(Korean Education

6·25 때 미군이 건립한 서울 유일의 한강대교(1950)

Fervor)이 무엇인지 알려 미국의 초·중·고 학생들이 한국의 교육열을 본받아 세계 1위의 평가를 받았던 초·중·고가 될 수 있도록 그 해법을 제시하고자 한다.

II. 미국을 강대국으로,
박해받는 동양계를
최상위소득층으로 만든 '교육'

# II.

## 교육제도의 특징

미국 대학교육의 가장 눈에 띄는 특징은 과학, 기술, 산업계열 대학교육이 실제 사회(Real World)와 잘 연계되어 있어서 산(産: Industry), 학(學: Academy), 관(官: Government)이 삼위일체(三位一體)가 되어 과거 종주국이었던 영국 등의 유럽 국가를 앞질러 미국을 세계 제일의 강대국으로 만들었다는 것이다. 또한 교육은 박해받던 소수민족인 아시아계와 더 오랫동안 박해받던 유태계를 미국에서 최상위소득층으로 끌어 올리는 원동력이 되기도 했다.

일본과 한국은 실제 사회가 원하는 인재 양성과 동떨어진 교육을 하고 있어서(Disconnect between what the society wants and the school teaches) 일본말에는 '고등놈팽이(고또 룬빵)'이란 말이 있을 정도다. 이 때문에 아직 일본과 한국에는 대졸 실업자가 미국보다 많다. 이것도 잘못된 일제 잔재라고 볼 수 있다.

미국에서도 세계화와 급속히 변화하는 기술·과학 발전으로 일부 기능·기술·과학 분야 인력은 부족하고, 인문 분야 졸업자는 갈 때가 없는 추세가 나타나기 시작하고 있다. 정부와 학계가 구조상 가장 보수적이어서 변화하는 사회에 발 빠르게 맞춰 나가기 어려운 탓도 있다.

또 미국은 한국과 달리 군 사관학교 외에는 국립대학이 없고 주립대학이 그 자리를 대신한다. 또한 한 주가 한국보다 넓어서 교육정책 및 행정을 주 단위로 시행하고 연방정부 교육부도 비교적 최근에 신설되었다. 사관학교는 국방부의 국비로 운영되기 때문에 재학생들은 전액 장학금을 받고 학교를 다닌다(Full Scholarship). 경찰도 주 단위로 운영하며 국립경찰 비슷한 기관은 연방수사국(FBI)으로 이 역시 지방에서의 경찰권이 제한된 기구이다.

미국 건국 초기에는 3대 생산 요소인 자본, 토지, 노동 중에 자본을 뺀 나머지 두 요소, 즉 방대한 토지와 끝없이 들어오는 유럽 농민이 있었다. 이에 미국 정부는 농가당 약 20만 평의 무상농지를 주어 서부 개척을 시작하고 동시에 농민의 생산성과 정부 조세수입을 높이기 위해 각 주에 농과대학(Land Grant College)과 농촌지도소(Extension Services)를 신설, 연구·개발하여 새로운 농경기술을 농민에게 전파했다.

1862년 링컨(Abraham Lincoln) 대통령 때 미국 국민 중 90%가 농민이었고(현재 전문농업인은 약 1%), 가장 주된 산업으로 미국의 농업혁명이 바로 '미국형 산업혁명'이었다. 미국의 산업 중 가장 노동 생산성이 높은 분야는 공업이 아닌 농업이다. 이같이 노동 생산력을 올린 기반은 대학교육과 현장농업의 직결이다(1900년대와 2000년대 사진 참조). 농민의 교육 수준은 '대졸', 그 반면 공장에서 일하는 종업원의 교육수준은 '고졸'이다. 미국에서는 농사를 지으려면 상속을 받거나 장가를 잘 가야 된다고 농담할 정도다.

주립 농업대학의 설립이 바로 산·학·관 협조와 연계의 시초이다. 이러한 산업기술의 현장교육(On Site Education)이 영국 식민지였던 미국이 영국 등의 유럽 국가를 앞서 세계 산업 최강국으로 전진시킨 원동력이다. 기존의 3대 생산요소에 과학기술(Science&Technology)을 가미하여 대학을 과학기술 연구와 산업 현장교육의 매체로 만든 것이다.

당시 부족한 자본은 약탈과 기만(Stole by Force and Cheat)으로 생긴 원주민 땅으로 메꿨다. 개척에 필요한 운송수단인 철도가설에 필요한 땅과 자본은 정

1930년대의 모래 폭풍과 농장

1900년대 초 농기구

2000년대 초 농기구

부가 철도회사에 땅을 무상으로 주고(Land Grant) 그 땅의 일부를 팔아 쓰게 했다. 그렇게 해서 미국의 철도 벼락부자(Railroad Tycoon)가 탄생한 것이다. 스탠퍼드 대학의 설립자인 스탠퍼드(Stanford)도 그중 한 사람이다.

그 후 농업대학은 공대, 의대, 문과대, 예대 등 지금의 종합대학(State University)으로 확장·진화했다.

미국의 학제는 학생 위주(Students First). 반면 한국은 아직 일제 잔재로 규제 위주로 운영한다(Rules First). 일제는 학교 경영자 위주로 학생의 미래는 상관없이 학교를 운영하기 쉽게 모든 것을 규제했다. 단적으로 말하면 만사를 규제화하면 국가, 교육, 기업의 경영자(Manager)의 재량은 필요 없고 경영자도 필요 없다. 규제만 읽을 줄 알고 그것을 철두철미하게 강행하면 일등 경영자가 된다는 결론이다. 한 예로 내가 재직했던 대학에서 학과장과 학장이 대학에서 영어로 몇 시간 강의를 해줬으면 한다고 하기에 내가 무보수로 하겠다고 이야기했는데 대학 본부에서 퇴임교수는 채용을 하지 못하는 규칙이 있다며 기각된 적이 있다. 잘못된 규제가 학생들은 원하는 좋은 교수, 대학은 비용 절감의 기회를 놓치는 결과를 만든 것이다.

국제화 시대에 맞는 합리적 행정을 해야 할 오늘의 한국 대학 경영이 이 모양이니! 전직 교수가 이 꼴을 당하니 한국 학생들이 얼마나 비합리적 대학 규칙과 행정을 원망할까? 이런 규칙을 위한 규칙은 하루 속히 개선해야 할 사항이다.

한국은 아직 여러 가지 복잡한 규제로 전과, 전학이 어렵다. 미국은 학생의 재질과 능력에 따라 전과, 전학을 쉽게 허용하는 반면 새로 옮긴 과정에서 성적 미달이면 퇴학이다(퇴학률 28%). 미국 2년제 대학은 다 주립대학(Community College)으로 4년제 대학으로 전학, 전과도 학생의 성적에 따라 가능하다. 다시 말하면 한국과는 반대로 미국 대학은 입학은 쉽지만 졸업은 어렵다는 것이다(졸업률 59%).

미국은 전통적으로 학생과 선생 간의 토론과 질문을 권장한다. 초·중·고 수업에서는 주입식 교육이 효과를 보지만 대학과정에서는 토론과 질문이 필수다. 2+2=4가 왜 4가 되는지 초등학교에서 토론하다가는 끝이 없기 때문에 꼭 배워야 할 다른 진도를 나가지 못하지만 대학은 다르다.

빌 게이츠(Bill Gates)는 특히 대학에서 선생과 학생 간의 교류(Interaction)를 가장 중요한 가르침의 요소로 본다. 한국은 예로부터 어른(부모, 선생, 상사)과 대거리하는 것을 불손하다고 생각한다. 그래서 일부 미국 초·중·고 교사들이 동양 학생은 창의력이 없다고 판단하기도 한다. 동양계 학생이 타 민족에 비해 앞장서서 떠드는 짓을 하지 않기 때문에 창의력이 있는지 없는지 교사가 알 수 없어 단편적으로 창의력 부족으로 해석하지 않나 싶다.

미국 학교는 자기 입장을 정당화하는 화술·토론 연습을 한다. 한번은 대학 토론회에서 '지구는 평평하다(Flat Earth)'하는 쪽이 이기고 '지구는 둥글다(Round Earth)'는 쪽이 졌다. 미국 사회에서 출세하려면 먼저 Spin Doctor가 되어야 한다(말 돌리는 데 박사가 되어라)는 속담도 있다(아이젠하워 대통령의 경제 고문을 지냈던 미네소타 대학의 은사인 Jensen 교수의 말). 요즘 한국에서도 발표 능력을 기르는 데 많은 비중을 두고 있다. 발표 능력을 키우는 것은 좋은데 도를 넘어 빨간 거짓(White Lies)까지 묘하게 섞어 하다 보니 종종 예기치 않는 국제적인 초특급 사기꾼이 빈번히 탄생하기도 한다.

150년 형을 받고 복역 중인 Madorf는 New York Nasdaq 증권사 회장으로 오랫동안 수천 명의 세계 갑부, 은행, 기관 투자자를 감쪽같이 속였다. 프랑스의 한 귀족(갑부)을 파산시키고 자살로 몰아넣기도 했다. 본인만 아니라 자신의 아들을 자살에 몰아넣고 부인에게는 이혼 당했으며 그를 믿어온 수많은 친구 친척을 파산시켰다.

한국판 사기꾼은 더 많은 토론교습 없이는 이런 국제특급 양반들과는 게임은 한 수 접고 넘어가야 할 것이다. 미국 사기꾼은 오랫동안의 미국식 손자병법 교육과 관록으로 안색도 변하지 않고 웃는 모습으로 목적을 달성한다는 실력자들이다. 1930년대 시카고(Chicago)의 알 카포네(Al Capone)의 활약을 묘사한 영화가 바로 이러한 미국 사기꾼의 단면을 보여준다.

IQ 테스트 결과를 보면 동양계는 타 민족보다 IQ는 높지만 화술(Verbal Score)이 상대적으로 낮다. 또 미국 원주민(동양계)도 같다. 이런 점에서 동양계는 말이 많아야 하는 인문 분야보다 수리·공학·과학·예체능 계열에서 상대우위성(相對優位性)이 있다고 본다.

미국 정부 공무원끼리 하는 말에 정부 관료가 국회 예산을 확보하려면 먼저 숫자에 '바람'을 넣고 국회에 가서 예산신청액을 조금만 삭감해도 농무부는 '미국 아이들의 영양과 건강'을, 국방부는 '외적의 도발 위험'을 들먹여 듣는 사람이 눈물이 나도록 '감정에 복받친 강한 설득력(Emotional and Powerful Persuasion)'을 동원한다는 이야기가 있다. 하지만 미국 국회도 이런 게임에는 능구렁이다. 이런저런 흥정 끝에 행정부가 신청가져간 예산의 반만 받아 와도 목표는 달성한 것이라는 농담이다(케네디 대통령의 경제 수석고문을 지낸 미네소타 대학 은사 Heller 교수의 말).

최근 서구 경영학 교육의 하나인 'Gamemanship'는 기업, 정치 등 모든 사회적 관계에서 자기이익을 한계점까지 밀어붙인다는 교육(Pushing to the Limit to gain self Interest: 말하자면 서구식 손자병법의 하나)이다. 이러한 사고방식이 종종 한계선을 넘으면 Madorf와 같은 문제가 생긴다. 또 이런 사고를 가진 사람들은 자기반성도 없고 모든 것을 단지 비즈니스 게임(Business Games)의 한 수단으로 본다.

이런 폐단을 인식하여 늦은 감은 있지만 미국 대학 MBA(경영학 석사)과정에 상업윤리 과목(Business Ethics)을 넣자는 제안을 하는 사람도 있다.

2,500년 전 공자는 국가 통치의 바탕은 '믿음'이라고 말했다. 같은 말이 미국 화폐에 찍혀 있다(In God We Trust). 또 공자의 '중용(All in balanced moderation)'에 대한 가르침은 국고를 탕진하고 수혜자도 도

의적 해이(道義的解弛)로 무기력하고 무책임하게 만든 '과분한 구미 사회복지정책'에 대한 교훈을 던져 준다.


## 미국 대학의 수업 모습

**숙제**

과목마다 숙제가 있어 다음 시간에 교수가 지명하면 그 숙제 내용을 발표한다. 유학생들에게 큰 어려움은 영어 속독(Speed Reading)이다. 미국 학생은 처음부터 영어만으로 공부해서 속독이 쉽지만 유학생들은 미국 학생처럼 속독이 안 되니 예습에 배의 시간을 요한다. 과학계 전공은 말이 적고 수학 자체가 말보다 더 정확한 세계 공통어다. 문과계는 읽을 자료가 많아 유학생들에 큰 부담이다. 나는 한국에서 대학생 때 4년간 영어 통역을 하여 유학 시 영어 사전 없이 갔고 영어 단어실력은 미국 학생들보다 나았지만 속독이 안 되니 숙제를 하는 데도 배의 시간을 들여야 했다.

숙제는 중요하고 필수 교육도구이지만 한국에서는 많이 쓰지 않는 교육도구이다. 숙제를 통해서 교수가 학생의 수준을 파악하고 학생과의 대화와 상호 교류(Interaction)의 기회가 되기 때문이다. 그래서 빌 게이츠는 학생-선생 간의 상호 교류를 가장 중요한 교육기법이라 강조하고 있다.

## 잦은 중간·기말시험

중간시험은 예고 없이 보통 20분 동안 보고 그 뒤에 정규 수업을 계속한다. 그래서 한국에서 하던 벼락치기 공부는 효과가 없고 항시 꾸준히 공부할 수밖에 없게 만든다.

## 논문 발표(Term Papers)

논문 제출은 인문계 대학원은 과목마다 필수이고 학부도 과목에 따라 제출한다. 이것도 유학생에게는 난제의 하나다. 물론 남의 것을 인용하여 출처를 명시하면 되지만 100% 베끼지는 못한다. 보통 20~30페이지의 영문논문 쓰기는 시험을 몇 번 치루는 것보다 더 힘들다. 하지만 논문 쓰기는 연구 자료조사와 영문 문장력 향상에 큰 도움이 된다.

숙제, 숙제 발표, 수시로 보는 중간·기말시험, 논문 제출 등 충실하게 공부하고 출석을 하지 않으면 점수를 못 받게 되어 있기 때문에 교수가 굳이 출석을 챙길 필요가 없다. 그러므로 미국 대학에서는 학기 중 열심히 공부할 자신이 없으면 자진해서 그 과목 혹은 학업을 포기하는 것이 현명하다. 'Flunk now and avoid the rush(학기 말에 집단 퇴학당하기 전에 알아서 먼저 나가)!'라는 미국 학생들의 Joke도 있다. 미국 대학에서는 19% 정도의 중도 탈락 학생이 생긴다.

이 같은 철저한 교육으로 졸업생은 취직하면 그날로 실무를 맡는다. 한국에서의 신입사원 장기교육은 우리 대학의 실무 교육이 미비한 탓이기도 하다.

또 하나는 교수진의 구성인데 미국에서는 대학 교수진도 산·학·관 연계로 교수 자격을 가지고 있는 전직 공직자, 기업 출신 교수가 많다. 교수도 역방향 직장 전직으로 상호 교류가 보통이다. 한국에서는 직장을 바꾸는 것을 떠돌이로 간주하는 경향이 있지만 미국에서는 한 자리에 오래 머물면 경쟁사회에서 스카우트 대상이 되지 못한 시장성(Marketability) 없고 별 쓸모없는 인물로 생각한다.

## 학비

미국 학비는 한국에 비하면 몇 배가 된다. 미국 장관, 장군, 국회의원 연봉이 약 2억 원이다. 보통 40%의 공무원 봉급이 세금, 퇴직금, 의료보험 등으로 나가는데 하버드(Harvard) 등 유명 대학의 학비와 생활비는 학생당 6~7천만 원 정도이다.

하버드 같은 사립대학에 비해 주립대학은 반 이하의 학비가 들고 그중에서도 Community College(2년제 주립)는 4년제 주립대학 학비의 반 이하로 다닐 수 있다. 다만 주 부동산 세금으로 유지하는 주립대학 학비는 주 거주민에게만 적용되고 주외(州外) 학생과 유학생에게는 추가 학비를 적용하는데 그래도 사립대학보다는 싸다.

한국 고등학교에서 미국 유학을 간다면 먼저 학비가 싼 Community College에 입학하여 2년 동안 영어, 미국 관습, 자기가 선택할 전공과목을 생각하고 2년 뒤 3년제 주립대학에 입학하면 4

년제 대학에 바로 입학하는 것보다 마음과 학비의 부담이 적다.

미국은 지역이나 도시에 따라 학비와 생활비 차이가 50% 이상 난다. 대학 홈페이지에 알고자 하는 정보가 다 있지만 궁금한 사항은 전화나 E-mail로 문의하면 다들 친절하게 상담해준다. 일반적으로 남부가 북부보다 싸고 동부보다 서부가 싸다.

캘리포니아 주는 한국이라고 착각할 정도로 교민이 많다. 태평양 연안에 위치해 기후가 좋고 교육(Stanford, UCLA, Berkeley 등), 산업(IT 등), 농업(미국 1위 농산지) 등이 잘 발달되어 있으며 한국과도 가까워 종종 일어나는 지진을 제외하면 한국인들이 살기 적당한 곳이다.

유학 후보지로 캐나다를 빠뜨릴 수 없다. 최근 많은 미국 학생이 캐나다 대학에 관심을 보이는데 반값 등록금(미국 평균 25,000달러+, 캐나다 12,000달러+)과 저렴한 생활비 그리고 캐나다 대학 졸업장이 미국 대학과 동일하게 인정받는다는 점 때문이다. 캐나다 대학 출신이 미국의 기업(회장), 학계(학장), 정부(장관급)에서 일하고 있고 2012년 11월에는 캐나다 은행장이 영국 중앙은행 총재로 임명되기도 했다. 반면 한국 대학의 졸업장은 진학에는 100% 인정받지만 취업에는 미국에서는 벽걸이 치장용에 불과하다.

# 교육은 국가, 민족, 개인의 부를 창출

**국부론**(國富論)

경제학의 선구자인 애덤 스미스(Adam Smith)는 1776년 『국부론(The Wealth of Nations)』에서 국부의 성격(Nature)과 원인(Causes)을 논평했다.

국부론이 발표된 지 200년이 넘은 오늘날 교육수준이 높은 북미, 유럽, 호주, 한국, 중국, 일본은 부국 혹은 부국 도상에 있지만 인류의 반에 가까운 옛 서구 식민지 국가들(Africa nations, Arab nations, Indian continent nations, S. America nations) 대다수가 식민지 우민교육 정책(愚民敎育政策)의 여파로 아직 문맹과 빈곤의 이중고에 시달리고 있다. 더 큰 문제는 이런 우민교육이 세습·전통화되어 미국에 있는 옛 서구 식민지 후손들의 교육 수준과 소득 수준이 제일 아래에 머물러 있다는 점이다.

예외는 인도계 미국인들이다. 기원전 300년경 거대한 제국을 만들었던 알렉산더 대왕이 인도 원정에서 인도군의 코끼리 부대와 전략에 시달려 회군할 정도로 인도문화와 건축술이 발달했다는 기록이 있다. 인도의 수학과 건축술은 세계적인 본보기다. 2차 대전 후 영국이 식민지였던 인도에서 물러갈 때 인도의 문맹률은 약 80%였다. 하지만 조상들로부터 내려온 전통으로 지금은 인도의 IT 인재가 세계무대에서 활약하고 미국의 씨티은행의 전 CEO, 펩시의 여자 CEO도 인도 출신이다. 교육수준, 특히 과학·기술 분야와 소득 수준은 아시아계 미국인 중 제일 높다.

아프리카, 아랍, 인도, 국민들은 몇 세기에 걸쳐 영국 통치하에 있으면서 영국 사람에 질렸는지 영국 이름으로 개명한 사람을 못 봤다. 미국 흑인들도 옛날에는 주인 이름으로 개명했다가 요즘에는 아프리카식 이름으로 다시 재개명하고 있다. 미국 권투 선수 캐시아스 클레이는 무하마드 알리로, 아프리카 케냐 출신의 아버지와 미국 백인 어머니 사이에서 태어난 오바마 대통령 역시 아버지의 성과 케냐 이름 그대로를 갖고 있다. 이와 정반대로 최근 중국, 특히 옛 영국 통치하에 있던 홍콩과 싱가포르, 소수의 한국, 일본 사람들은 서구식 이름으로 개명하기도 한다.

지금 나같이 55년 동안 미국에서 살면서 개명을 하지 않은 사람에게 좋은 소식은 세계 인구 중 약 15%를 차지하는 백인들이 나머지 85%의 동양·아랍·흑인 이름에 점점 익숙해지면서 우리 이름을 차차 정확하게 발음한다는 것이다. 세계 85%의 유색인종이 교육을 통해 15%의 백인을 경제적으로 압도하면 백인들이 동양식 이름으로 개명할 날이 올지도 모른다. 세계 '유행'도 국력과 국부의 함수라 한다.

요즘 서구형 얼굴이 미의 상징이 되면서 우리나라 성형외과 병원이 성시를 이루고 있고 서구식 이름으로 개명하여 족보까지 바꾸는 판이다. 한때 몽골이 한창 유럽을 정복하고 있을 때 그 지방 남자들의 안짱다리(Bow Legs)가 미남의 상징으로 유행했다고 한다. 일제 치하에서 우리들을 강제 창씨개명(創始改名) 전에도 일부 한국 부모

들이 일본식 이름으로 아들을 개명한 사례도 있었다. 내가 어릴 때
는 강아지 이름을 영어로 해서 수놈은 John, 암놈은 Mary라고 짓
곤 했다. 거기서 더 나아가 요즘은 자기 이름까지 서구식으로 개명
하기 시작한다. 같은 맥락으로 최근 중국이 위세를 떨치니 미국 양
반들이 판다 이름은 빠짐없이 중국 이름으로 부른다. 머지않아 동
양권의 나라가 더 부강해지면 백인 가족이 이순신, 마오쩌둥, 덩샤오
핑 같은 유명한 동양인 이름으로 개명할지도 모르겠다. 변하고 변하
는 재미있는 세상!

　최근 발표된 미국의 민족별 IQ, 교육, 가호소득 통계는 교육이 민
족과 개인의 소득수준과 직결된다는 것을 입증하고 있다.


◆ 미국 민족별 IQ(R. Lynn, 2006)

| 동양계 | 105 |
|---|---|
| 유럽 | 99 |
| 동남아 | 87 |
| 원주민 | 86 |
| 남아시아·북아프리카 흑인 | 84 |


◆ 미국 민족별 대졸비율(통계청)

| | 2010년(%) | 2003년(%) |
|---|---|---|
| 동양계 | 52 | 51 |
| 백인 | 30 | 28 |
| 흑인 | 20 | 18 |
| 남미 | 14 | 12 |

◆ 미국 민족별 소득(통계청)

|  | 2009년($/%) | 1990년($/%) |
|---|---|---|
| 동양계 | 75,027(100) | $42,246(100) |
| 백인 | 62,545(83) | 36,915(87) |
| 흑인 | 38,409(51) | 21,423(51) |
| 남미 | 39,730(52) | 23,431(55) |

◆ 미국 민족별 가족 수(통계청,2009)

| 동양계 | 3.0 |
|---|---|
| 백인 | 2.5 |
| 흑인 | 2.6 |
| 남미 | 3.2 |

◆ 국가별 IQ 순위(R. Lynn, 2002)를 보면

| 나라 | 순위 |
|---|---|
| 홍콩 | 1 |
| 남한 | 2 |
| 일본 | 3 |
| 대만 | 4 |
| 싱가포르 | 5 |
| 오스트리아 | 6 |
| 독일 | 6 |
| 미국 | 19 |

극동 국가들이 최상위의 IQ를 갖고 있고 다음이 백인들이다. 중국과 우리나라는 16세기 이후 쇄국정책을 펼치며 과학·산업 교육에 무관심했다. 당시 '아시아의 호랑이' 중국이 영국-프랑스 연합군에게

아편전쟁에서 허무하게 완패하면서 종이호랑이(Paper Tiger)로 알려져 그 뒤 백인들이 아시아인은 무시해도 별 탈이 없다는 관념이 붙었다.

서구에서도 10~16세기 중세를 '암흑기(The Dark Ages)'로 부른다. 로마 제국의 멸망, 몽골의 침약, 흑사병(유럽 인구 1/4 사망), 과학·천문학 원리와 교회 교리의 갈등 등의 사건들이 있었던 시기이기 때문이다.

과학·천문학의 선구자 갈릴레오 갈릴레이(1564-1642)는 지구가 태양을 중심으로 돈다고 주장하면서 지구가 우주의 중심이라는 교회 교리와 상반된다는 이유로 자신의 주장이 잘못이라고 인정하라는 회개(悔改)를 강요당하며 가택 구금되었다. 그러나 갈릴레오는 오히려 그 여유시간을 이용하여 저서를 집필하여 세계과학 발전에 더 큰 기여를 했다.

옛날 진시황이 유교(종교가 아닌 윤리·철학)의 가르침이 왕의 정치신념과 상반된다고 해서 책들을 불태운 사건이 있었다. 그와 유사한 사례가 서구에서도 있었다. 중세 교회는 천문·과학 서적에 있는 '지구는 우주의 중심이 아니다'라는 부문을 보지 못하도록 삭제 및 풀칠하거나 먹칠했다(최근 발견된 스페인 교회 고서에서 확인됨). 동서양을 막론하고 종교의 수장이나 통치권자(Religious or Political Rulers)가 언론 자유를 봉쇄하는 방법은 다르지만 그 효과는 비슷하다.

동양도 집권자들이 정권을 위협한다는 우려로 과학발전을 저지했다. 일본 도쿠가와 막부는 제후(다이묘)들의 반란을 우려해 축성과 100석(石) 이상의 조선(造船)을 금했다. 그러다가 미국 군함이 일본 연안에 나타나자 자기네들의 100석 배는 어린이 장난감과 마찬가지이고 미국 군함과는 상대가 되지 않는다는 것을 깨달고는 제대로 한 번 싸워 보지도 못하고 미국 요구에 굴복했다. 이 사건이 일본 막부 정권의 하극상(下剋上) 반란(일본은 이를 미화하여 '명치유신'이라고 함)으로 이어졌다. 그 주동자가 바로 교육을 통해(영국 유학까지 다녀옴) 나물 먹고 물 마시는(일본말로는 미스노미 학쇼) 빈농 출신에서 일본 총리대신 연임 및 초대 한국 통감 자리까지 오른 이토 히로부미이다. 대한민국의 초대 대통령 이승만 박사도 외국에 도피, 방랑하는 그 어려운 상황 속에서도 하버드대와 프린스턴대를 졸업했다.

19세기 동양은 비극의 연속극이었다. 중국(아편전쟁, 일본 침략 과 내전), 일본(막부 멸망, 서양열강에 시달림), 한국(조선 멸망과 일본 침략) 등 어디 하나 성한 나라가 없었다.

그 당시 서구인들이 동양에서 저질렀던 만행(The Ugly European)의 예를 들면 아편전쟁 뒤 중국에 온 서구인들은 중국 군중들에게 말을 타고 채찍을 휘두르면 중국인들이 거미처럼 달아나(Like Spider) 길을 비켜 주었는데 일본에서 같은 짓하면 그 다음 순간에 말에 탄 서구인의 목이 날아갔다고 한다. 일본에서는 그런 거만한 짓을 감히 하지 못했다는 것이다. 옛말처럼 '개도 자리보고 똥 싼다'는 것이다. 이런 사건이 빈번 하게 되면서 서구 열강들이 지방 제후관할 영지에서 일어난 사건도 중앙정부인 막부정권보고 배상을 강요했다. 서구 열강들이 함대를 보낸다는 협박에 질려 막부는 불필요한 배상을 계속하고 있었다. 어느 날 규슈 사쓰마 영주의 행렬 앞에 영국 남녀 3명이 말을 타고 길을 막는 사건이 있었다. 일본 법규(평민은 영주 행렬을 보면 길바닥에 엎드려 큰절을 함)에 따라 그 자리에서 서구인들 목이 날아갔다. 그 보복으로 영국은 함포사격을 했고 이를 무마하기 위해 일본 막부는 영국에게 막대한 돈을 배상했다.

1865년 미국 대통령 링컨의 암살 소식을 일본 원로(장관급)가 '링컨이 암살 당했습니다' 하고 막부 대장군에게 보고했다. 대장군은 일본에 온 서구 방문자로 알고 '또 배상이냐' 하고 탄식을 했다는 일화도 있다. 그 당시 막부를 타도하기 위해 일부 반(反)막부 사무라이들이 계획적으로 '건방 떠는 서구인(The Ugly Europeans)'을 처벌하여 막부를 골탕 먹이겠다는 심사도 있었다는 말도 있다.

동양은 16세기 전까지는 서구 못지않은 과학문화의 소유자였다. 그러나 16세기 후의 침체로 19세기부터 서구의 멸시와 박해의 대상이 되었다.

21세기에 들어와서는 아시아계가 교육을 통해 천시와 학대에서 벗어나 소득을 높이고 존경받을 기회를 다시 찾았다(The 21 Century is the Century for renewing and regaining Asian pride that we have lost).

학생 때 영국계 여자 친구 어머니가 나에게 '옛날 우리 조상이 원숭이와 나무 위에서 쫓아다닐 때 자네들 조상에게는 문화가 있었다(When our ancestors were running around with monkeys on the trees, your ancestors had civilization)'고 말씀하신 적이 있다.

여자 친구의 어머니, 가족과 식사 장면


◆ 미국 교육수준과 가호 당 소득 격차(통계청, 2009)

| 분류 | 소득($) |
| --- | --- |
| 중학교 미수료 | 27,114 |
| 고등학교 수료 | 48,631 |
| 학사 | 90,530 |
| 석사 | 106,931 |
| 박사 | 135,681 |
| 의사, 약사, 변호사 등 | 150,795 |

이런 점에서 각종 투자 중 교육투자의 수익과 영구성이 가장 높다고 보고 있다.

미국 유태계가 미국 평균 소득의 1.72%, 인도계 1.42%, 일본계 1.32%, 중국계 1.12%, 한국계 1.001%이다. 인도계는 아직 미국에 남아 있는 민족 차별과 텃세가 적은 기술·과학 분야에 많이 집중하고 있다.

일반적으로 고급인력일수록 차별이 적고 하급직일수록 경쟁 인력이 많아 텃세가 있다. 동양계가 이민을 시작한 것은 1800년대 초로 무능하고 무식한 중국인이라며 흑인노예보다 더 심한 박해를 받았다. 그나마 노예는 백인 가족이 고용인이라서 인정이 있었지만 동양계는 무조건 집단 박해 대상이었다.

한국계가 타 동양계보다 평균 소득이 낮은 것은 중국과 일본의 100~150년 이민사에 비해 1975년 이후의 이민자가 많아 영어가 아직 서툴고 한국 대학 졸업증은 대학 입학 때는 통하지만 미국 일반 사회에서 인정을 받지 못하는 등의 이유가 있다. 또 많은 한국계 이민자는 한국에서 실패를 겪고 온 사람들이 많아 어느 정도의 회복기가 있어야 한다. 서구 이민자도 본국에서 살지 못해서 온 사람들로 자리 잡는 데 상당한 시간이 걸렸는데 한국 이민자의 평균소득이 이미 미국인보다 높다는 그 자체가 큰 성과라고 본다.

과거 흑인들보다 더 박해를 받고, 미국의 천직(賤職)이란 일은 다 하면서 가산을 다 털어 자식들을 교육시킨 전통적인 동양 부모의 희생과 학생 자신의 학구열의 결실이다.

이 같은 교육열은 2,500년 전 맹자의 어머니가 아들 교육을 위해 이사를 세 번 한 일화에서도 볼 수 있다, 그 전통이 아직 남아 한국에서 좋은 학군 따라 집값이 비싼 곳으로 이사하고, 심지어 남편을 집에 두고(기러기 가족!) 미국까지 거처를 옮기는 희생은 타 문화권에서는 상상도 하지 못할 일이다.

2011년 하버드 대학의 입학생 중 미국 국적을 가진 동양계 학생은 17.8%(인구비율 약 4.5%)이고 유태계(인구비율 약 2%)와 아시아계를 합치면 51%가 된다. 스탠퍼드 대학은 약 20%이다. 하버드와 일부 유명 대학은 성적대로 입학하게 하면 동양계 학교가 된다며 흑인, 남미계는 가산점을 주고 동양계는 감점한다고 한다.

교육기반 조성은 장시간의 세월을 요하는 작업이다. 미국 대학기반 구축도 건국 후 200년 동안 조성한 산·학·관의 유기적 협력, 우수 교수진 양성과 외국 석학교수 초빙, 각종 기반 시설 투자와 기업가들의 재정적 기여의 결실이다.

미국 교육에 제일 많이 기여한 대표적인 인물인 코닥의 창립자 조지 이스터먼(George Eastman, 1856~1932)은 한 세기 전의 빌 게이츠와 같은 사람으로 새로운 사진판(Roll Film: 영화 film의 시초)을 발명·개발하여 미국 제일의 갑부가 되었다. 그는 생전에 미국과 영국의 교육 사업에 거액을 기증했고 사망 당시 미국 GDP의 1/6,111의 유산(미혼)이 있었다. 말년에는 2년 동안 척추질환으로 투병하다 자기 저택에서 한 줄의 유언만 남기고 권총 자결한 양반이기도 하다.

'친구들이여, 나 할 일 다 했어. 왜 기다려(To my friends, my work is done. why wait)?'

업적도 없고 남긴 것은 빚뿐인 사람들도 긴 유언장을 남기고 가는데 이스트먼은 정반대의 자세로 떠났다.

미국은 6·25 이후 구호물자는 긴급처방이고 장기 경제발전의 필수요건은 교육이라는 생각을 했다. 그래서 서울대를 한국의 하버드로 육성하려면 건물을 짓는 것보다 먼저 교수진의 질적 향상이 이루어져야 한다고 판단하고 특히 이공·산업계 분야 교수들이 미네소타 주립대학 박사 과정을 이수하게 했다. 이러한 미국의 교육 투자가 한국 교육과 산업 개발의 원동력이 되어 그 효과는 아직 지속되고 있다.

미국 정부가 미네소타 대학을 선정한 것은 전 분야에서 우수한 주립대학이라는 것도 있지만 이 지방이 민족차별이 적고 인심 좋은 곳이란 점 때문이었다.

2차 대전 시 일본 국민의 전쟁 구호(Battle Cry)는 서구인의 동양인에 대한 민족 차별과 박해였다. 이 구호에 앞장선 일본의 마쓰오가 외상은 미국에서 초·중·고와 대학까지 졸업하면서 민족 박해를 똑똑히 보고 체험했다(1945년 전범으로 옥사).

내가 유학 간 1950년대만 해도 미국 일부 지방은 동양계에 대한 태도가 별로였지만 미네소타는 대부분이 북유럽 농민 출신으로 동부나 서부보다 이득을 보려 하지 않고 순박하고 친절한 사람들이 많았다.

# 한국·동양계 학생의 글로벌 유망 전공, 직종

아무리 글로벌 시대라지만 아직까지 사람 간의 이질감과 텃세가 한국을 포함해서 나라별로 각 지방마다 있다. 기술과 능력 위주인 예체능과 기술 과학계는 본인의 능력이 밥통이지만 정치학, 철학, 문학 등은 특출한 능력이 없다면 타국에서 인정받기 어렵다. 권투를 예로 들자면 무하마드 알 리가 시합에 나서면 자기 주먹으로 실력을 증명하면 되고 경기가 열리는 나라의 말과 풍습에는 신경 쓸 필요가 없다. 이런 점에서 예체능계는 세계화가 다 되어 있다고 볼 수 있는 것이다. 반면 정치학, 철학, 문학은 아직 갈 길이 멀다.

동양계가 세계에서 자기 능력과 실력을 발휘할 수 있는 곳은 아직까지는 미국이 제일이다. 오히려 한국이 각종 사회 활동에서 사람의 능력보다 혈연, 학연, 지연, 성별, 연령을 더 보는 측면이 많다. 미국에서는 고용주가 이력서에 본적, 연령, 성별과 사진을 요구하지 못한다. 학력, 능력, 경력이 취업의 조건이다. 한국은 일자리에 자기 조상의 업적과 과거까지 들먹이고(2013년 총선), 부인 소유의 임대건물에 유흥업소가 있다고 몰아붙여 일자리를 포기하고 이런 동네 못 살겠다 하고 보따리 싸고 떠나는 웃지 못할 일도 있었다(장관 임명 시). 이 청렴한 심판석에 앉은 국민을 대표하는 양반들은 국민의 세금으로 마련된 기물을 서로 던지는 운동회를 수시로 개최한다. 세계적인 볼거리인 이 '맘마미아' 연출을 미국 신문과 TV보도진은 3억 명의 미국 시청자에게 재미있는 웃음거리로 방영한다. 미국 아이들은 소싸움을 보듯 한쪽을 편들며 응원한다. 공짜 구경이 이렇게 재미있을 수가! 무하마드 알리의 'Thriller in Manila'보다 더 스릴 있는 'Thriller in Seoul'이다.

미국의 비동양계 학생은 우리보다 상대적으로 수리과목에 약하고 우리는 말 많은 인문계에 약하다. 민족 간에 체력과 지력에 차이가 있다. IQ 통계에서도 동양계는 말(Verbal)하는 영역은 약하다고 한다. 이 현상은 동양계 이민 3세와 미국 원주민(아시아계 조상)도 마찬가지이다. 간단히 말해서 동양계는 'Spin Doctor(말 돌리는 데는 박사)' 직종에는 부적당하다는 것이다. 미국 원주민들은 싸울 수 있는 사람들은 패한다는 것을 알면서도 용감하게 내 고향을 지키다 죽고 나머지 노약자, 여자, 아이들은 집단보호구역(American Indian Reservation)에 수용되었으며 대부분의 땅은 백인 Spin Doctors의 말에 속아 넘어 갔다는 사례도 있다.

우리가 알아야 할 것은 일본과 달리 미국 역사가들은 역사를 솔직하게 바로 본다는 점이다. 그 예로 최근 '서부 획득'을 원주민의 입장에서 최근 '서부 상실'로 정정하기도 했다(How the West was Won → How the West was Lost).

미국 역사학자는 아편전쟁(the Opium War)은 인류 역사상 히틀러의 유태인 학살과 비슷한 가장 비인도적인 전쟁이라고 평한다. 당시 청의 도광황제는 영국 식민지였던 인도산 아편 수입을 금지하고 아편을 소각했다. 이에 영국 아편 밀수군 3명(그중 한 명은 의사)이 영국 정부를 부추겨 인도 용병을 앞세우고 프랑스와 연합으로 중국 연안을 쑥대밭으로 만들었다. 결국 청은 압수 소각한 2만 상자의 아편값과 영국과 프랑스의 군대 동원비를 은(銀)으로 배상해줘야 했고 국고가 바닥나면서 치솟는 인플레이션과 100년간 홍콩을 이양하는 치욕을 당하며  멸망하고 말았다. 그 당시 미국은 영국-프랑스의 아편전쟁에 가담하지 않았고 일부 미국 교회목사들은 전쟁을 반대했다고 한다.

최근 미국은 파나마 대통령 노리에가가 아편을 미국에 밀수출한다고 현직 대통령을 자국에서 체포하여 미국 감옥에 수감했다. 그 뒤 노리에가는 프랑스 감옥을 거쳐 지금은 파나마에서 감옥살이를 하고 있다. 반면 아편전쟁 당시 영국 아편 장사꾼의 일부 후손들은 아직까지 홍콩에서 재벌 노릇을 하고 있다.

그 뒤 서구열강은 치외법권(治外法權) 구역을 만들어 '개와 중국인은 출입금지(No Dog and Chinese Allowed)'라는 말뚝을 박았다는 말도 있다.

이런 치욕과 빈곤을 면하기 위해 많은 중국 남부지방 빈민은 '자유와 평등의 나라 미국(Free and Equality for All!)'으로 이민을 갔지만 여기서도 시민권, 부동산 소유권, 법정 증인 자격 등 수많은 인권을 박탈당하고 심지어 백인 여성과의 결혼도 금지했다.

한국 독립운동 선구자인 서재필 박사가 미국에서 당시 유태계와 동양계 입학을 금기시했던 이과대학을 졸업하고 역시나 금지했던 것과 마찬가지였던 미국 시민권을 받은 후 미국 명가 출신인 부인(아버지는 장관급, 미국 대통령의 사촌)과 결혼한 사례는 당시 미국 사회에서는 예외적인 일이었다. 이 예외적 사항들도 서재필 박사의 교육과 인품이 그 당시 고착되었던 미국법 'No'를 'Yes'로 만든 것이 아닐까 생각한다.

2차 대전 후부터 이런 박해가 완화되기 시작한 것이다. 지금 동양계는 인간 이하(Subhuman)라고 낙인찍히고 멸시받던 것을 교육을 통해 인간적인 대우와 선망으로 전환하는 기회를 창출하고 있는 것이다.

미국 보도에 북방계 아시아인(한국, 일본, 중국)을 동양의 유태인(Asian Jews)라고도 한다. 유태계는 세계 인구 중 0.25%밖에 되지 않지만 28%의 물리, 화학, 의학과 경제학 노벨 수상자를 배출했고 미국을 기준으로 보면 인구의 2% 정도밖에 되지 않지만 40%의 노벨 수상자를 배출한 것이다.

어떤 면에서 보면 유태계와 아시아계는 역사적으로 비슷하게 서구 사람들의 운명적 박해를 받아 왔다. 중세에서 19세기까지 서구에서는 유럽 각처에서 나쁜 일만 터지면 다들 유태인들에게 덮어 씌웠다. 흑사병으로 병사했을 때는 그 이유를 유태인들에게 덮어 씌워 집단 학살을 당하기도 했다. 그 당시 권세 직인 관직(官職)과 군직(軍職)에는 근처에도 못 가고 기술·기능직이나 고리대금업으로 부를 축척했다. 그렇게 부자가 된 Rothchild 창립자는 다섯 아들을 서로 싸우고 있던 유럽 각국에 배치하고 군주들의 은행과 군비조달 역할을 하게 하여 한 나라가 패해도 승리한 나라에 형제가 있어 승리한 나라의 군주에게 패배한 나라 군주의 군비조달금까지 틀림없이 받아 냈다는 것이다. 당시 세계 제일의 재벌로 왕들로부터 작호(爵號)를 받기도 했다. 미국 속담에 '돈이 해결사(Money talks!)'라는 말이 있다. Rothchild가(家)는 세계 첫 재벌가이며 아직까지 건재한 최장수 세계 재벌이다. 한국 속담의 '부자는 3대를 못 간다'는 말이 미국과 일본의 재벌들(미국 Dupond, Rockfeller, Sears, 일본 미쓰비시 등)에게는 딱 맞는데 Rothchild만큼은 예외다. 지금도 유태계는 면학의 전통을 이어 군직이나 기타 많은 미국 주요 관직에 있다(Kissenger 국무, Allbright 국무, Geithner 재무, Bernanke 연방은행 총재 등).

19세기 후부터 유태계는 전통의 교육열로 미국 금융, 기업, 학계에서 두각을 내기 시작했고 옛 악습을 버리지 못한 서구인은 권세 세력인 유태계를 피하고 19세기부터 아시아계가 그 대타(代打)로 '매 맞는' 역할을 하게 되었다(The Asian replaced the Jews as the new 19 Century European's whipping boy.)

현재만이 아니라 다가오는 미래에는 수학을 바탕으로 하는 이공계 기술자와 경제·경영전문가가 더 필요하고 따라서 보수와 직업 안정성도 더 높다. 세계 인문계의 공통어인 영어가 능숙하지 못해도 이공계는 수학이 가장 정확한 세계 공통어다(Mathematic is the best and most precise world language), 이것을 입증하는 사람이 바로 미국 마이크로소프트의 빌 게이츠, 경제학전공의 워런 버핏이다. 또 한국에서 가장 높은 평균 근로소득이 높은 곳은 서울이 아닌 기술공업도시인 울산과 거제라고 한다.

인문·예체능계는 날 때부터 소질이 있어야 하고 노력만으로는 1등이 되기 어렵다. 또 1등이 아니면 인정받기도 어렵다. 예체능계는 일반적으로 대중의 인기를 얻어야 하는 직업으로 미래 시장성에 관한 예측도 어렵고 그 영구성도 기대하기 어렵다. 그에 비해 상대적으로 기술계는 자기 노력으로 성취할 수 있고 바람과 같이 사라지는 인기직업이 아닌 특정 분야 직종으로 예측이 가능하다. 1등이 아니라도 세계 사회의 많은 수요로 취업이 비교적 쉽다. 원한다면 인문·예체능은 취미로 돌려 누구나 피아노 연주, 그림 그리기, 수영 등을 할 수 있지만 시인, 화가, 성악가, 운동선수가 취미로 의사, 건축설계사, 우주과학자가 되기는 어렵다.

물론 본인이 스스로를 제일 잘 알고 있기 때문에 이런 문제는 각자 결정해야겠지만 요즘 시대는 자신의 직업적성을 처음부터 정확하게 파악하기 어렵고 오늘의 유망직종이 내일을 예측하지 못하는 급변하는 세상이다.

상황에 따라 전공을 중도에 전환하는 유연한 자세가 필요하다. 미국에선 전공 변경이 가능하니 복수 전공으로 시너지 효과를 낼 수 있다. 한국에서는 평생 '외길'을 갔다는 것이 자랑이지만 미국에서는 융통성 없는 '무능한 사람'으로 볼 수도 있다. 노벨 경제학상을 받은 폴 새뮤얼슨(Paul Samuelson)은 학부에서는 영문학을 전공했고 경제학에서 박사 학위를 받았다. 그는 그때까지 이해하기 어려웠던 경제학 원론을 알기 쉬운 영어로 편집하여 『경제원론』이라는 책을 썼고 이 책이 세계 학도들의 교본이 되면서 대학 교수로는 드물게 부자가 되었다.

많은 이공계 전공자가 기업의 경영행정직으로 전환하기 위해 MBA에서 석사를 받아 전직을 하고 의사나 약사도 MBA를 받고 경영행정직으로 승진하기도 한다. 또 의사나 약사가 법대를 나와 의학·약학 관련 전문 변호사로 나서기도 한다.

나 역시 한국에서는 농예학과를 다녔고 미국 대학원에서는 농업경제로 전과하여 남보다 배로 고생했지만 시야를 넓힌다는 점에서는 잘 했다고 생각한다. 이렇게 이공계에서 문과 전과는 쉽지만 그 반대방향은 전공의 성격상 어렵다.

## 미국 교육의 위기: 김빠진 초·중·고

2010년 8월 2일자 《타임》에 실린 국가별 연간 수업일수, 시간 수, 15세 수학점수는 다음과 같다.

| 국가 | 수업일수 | 수업시간 | 수리점수(순위) |
| --- | --- | --- | --- |
| 한국 | 204 | 545 | 547(1) |
| 일본 | 200 | 600 | 523(2) |
| 덴마크 | 200 | 648 | 513(3) |
| 미국 | 180 | 1080 | 474(14) |

한국과 일본 수리점수 순위는 1, 2위, 미국은 스페인, 러시아 다음의 14위다. 미국 대통령이 이런 보고를 받고 답답한 나머지 미국 국민에게 한국 본받으라고 했다고 한다. 교육이 미국 부강의 기초였는데 그 기초 기반인 초·중·고에 금이 나기 시작하니 각처 각층에서 문제의 해법을 구상중이다.

집안이 기울어지면 서로 책임전가(Blame Game)부터 시작한다. 학생과 학부형은 학교시설, 교재, 수업기법, 교사자격, 교장자질과 교육 담당 행정부 탓을 하고 행정부는 예산부족을 탓한다. 국민들은 유례없는 불경기로 부동산을 구입할 때 낸 은행대출금도 못 갚고 있고 교육예산의 원천인 부동산세는 더욱 못 내는 판이다. 하우스 푸어가 된 주민들이 빚 덩어리인 집을 버리고 떠나기도 해서 일부 지역은 유령도시가 되기도 한다. 지방정부는 금융위기와 불경기로 세원이 고갈되고 일부 자치구는 파산을 선고받아 학교를 폐교한다.

한국과 미국에서 학생과 교수 신분으로 지낸 입장에서 볼 때 미국의 교육시설, 교육자·행정자의 자격, 수업자료와 기법, 부대시설, 미국 정부지원은 절대 한국에 비해 부족하지 않다고 본다. 사실 지난 미국 'gogo' 경제 경기 때 '술 취한 선원 (Drunken Sailers)'처럼 정신 없이 국고를 낭비한 것도 큰 몫을 했지만 문제의 초점은 공부에 뒤떨어지는 학생 자신의 의지와 그들 부모의 무관심 때문이라는 생각이 든다. 그 부모들은 '내 아이가 공부를 못하는 것은 내 아이와 내 잘못이 아니고 학교, 사회, 정부의 책임이다'라는 사고방식을 갖고 있다. 이런 마음가짐은 과분하고 잘못된 사회복지제도의 부산물이기도 하다. 다시 말하면 나의 물질적 부족뿐만 아니라 분수에 넘치는 과분한 정부복지의 공짜돈으로 '비뚤어진' 수혜자의 성격적 결함까지 더해 모든 것을 다 정부의 책임으로 몰아붙인다는 것이다. 장기적으로 제공되는 '공짜돈'은 마약과 같이 수혜자를 폐인으로 만든다. 또 이 '마약'은 무관심, 무능력, 무책임을 다음 세대로 세습화한다는 것이 더 큰 문제다.

공부에는 사회계층이 없다. 이 말은 고대 그리스의 석학이자 수학자 인 피타고라스가 제자였던 왕자가 공부가 어렵다고 불평하니 ' 배움에는 왕도(王道)가 없다(There is no royal way of learning)'고 직언한 것에서도 알 수 있다. 공부는 본인 자신의 투쟁이며 승패다. 밥상은 부모, 사회, 정부가 차려주지만 '먹기'와 '소화'는 남이 대신해줄 수 없고 꼭 본인이 해야만 하는 일이다. 잘 차린 무료 의무교육 밥상을 안 떠먹겠다는 것을 민주주의 정부로서는 강제할 도리가 없다.

미국에서는 한국과 달라 교육이 없어도 일할 곳이 있고 남과 같이 살 수 있는데 악바리 동양계 같이 공부하지는 않겠다는 태도도 이해된다. 또 사회보장제도 안전망(Social Safety Net)이 있는데 무슨 걱정이냐는 태도를 보이는 학생들도 있다. 한 미국 교사가 학생에게 '너도 나같이 열심히 공부하고 뒤에 편히 지내라'라고 하니 '난 지금 바로 그러고 있잖아요(The future is now!)'라는 답을 했다는 이야기도 있다. 선생보다 한 발 앞선 '똑똑이' 미국 학생(A very smart kid!)이다.

미국에는 '돈이 해결사다(Money Talks)'라는 말도 있다. 하지만 미국의 김빠진 초·중·고 문제는 돈이 아니고 뒤떨어진 학생과 학부모의 마음가짐(Mental Frame)이 문제다. 지금 미국 국민과 정부가 문제의 핵심을 못 찾고 돈으로 해결할 수 있다고 생각하고 있는데 이는 큰 착각이다.

한 가지 해법은 미국 낙후 아동 부모의 정신 상태를 우리 '기러기 엄마'들이 현지에서 '한국 호랑이 엄마'의 위력을 보여주는 활동을 하면 어떨까(Show the power of the 'Korean Tiger' Moms)? 미국 엄마들에게 모범을 보여 한국식 엄마로 개조하는 작업이다(Make them 'American Tiger Moms'). 한 번 시도해볼 만하다. 미국 정부와 국민이 6·25와 전후 복구에 도움을 주고 서울대를 한국의 하버드로 육성시켜준 노력에 보답할 기회이자 우리가 동방예의지국(東方禮儀之國)이라는 것도 보여줄 좋은 기회다(Good chance).

# 오바마 대통령의 찬사: 한국 학생을 본받아라
(Emulate the Korean Student)

오바마 대통령은 미국 초·중·고의 교육성과에 실망한 나머지 한국 학생들을 본받으라고 했다. 얼마나 답답했으면 세계 최고 강대국의 지도자가 자기 나라 아이들과 학부형들에게 먼 나라 아이들 성적표까지 들먹이면서 훈계했을까? 오바마 대통령은 미국 교육 문제를 2차 임기의 주요 정책 과제로 삼고 있다.

하지만 본받아야 할 내용(Contents)에 대한 언급이 없어 미국 학생, 부모, 사회, 교육 행정관들이 그 내용의 핵심을 잘 알지 못하고 있으므로 여기에서 소개한다.


## 한국 본보기(Korean Model)

교육은 인생의 핵심이고 인생을 좌우하는 가장 중요한 과정으로 한국에서는 이를 위해 어떤 희생도 감수하겠다는 전통이 어느 문화보다 강하다. 또 이미 입증된 것처럼 교육은 미국을 최 부강국으로, 오랫동안 박해받아온 유태계와 미국 동양계를 최고소득층으로 밀어 올렸다. 자연자원은 남미와 아프리카도 미국에 못지않다. 가장 현저한 변수는 교육 내용과 수준이다. 같은 환경의 미국에 살면서도 흑인과 남미계는 교육과 소득수준이 눈에 띄게 낮다. 그 차이는 각 민족과 가정의 교육에 대한 전통적 자세(Attitude)에서 나온다. 학부모와 학생이 다 같은 방향으로 가야 한다. 미국 사회, 정부, 부모와 학생들이 이 정신적 자세(Mental Attitude)부터 배워 정신개조(Changing Mental Attitudes)를 하는 것이 출발점이다.

오바마 대통령이 한국 학생을 본받으라고 것은 단지 통계적으로 나타나는 수리점수에 근거하고 있다. 물론 오바마 대통령이 한국 교육제도의 각종 문제와 요즘 자주 보도되는 학교 폭력에 대해서는 알 도리가 없다. 일부 우리나라 학부모와 학생들은 남을 배려하거나 자신을 자제(自制)하지 않고 제멋대로 행동하는 것이 '현대 미국식'이요, '자유'로 착각하는 듯하다. 공공장소에서 아이들이 소란해서 주의시키면 부모들이 나서 아이 기죽인다고 대판 싸운다. 이런 경우 미국에서는 부모가 '미안합니다, 고맙습니다(I am sorry, Thank you!)' 하고 답한다. 요즘 신문에 자주 오르내리고 있는 옛날에는 거의 없었고 구미 사회에서도 보기 드문 돈 때문에 부모를 살해하는 파렴치한 행위는 이렇게 자란 아이가 기가 너무 왕성해서 자제(Self-discipline) 교육을 못 시킨 부모가 그 대가를 받는 것이다.

'자제'는 고대 그리스의 스파르타식 교육의 기본으로 알렉산더 대왕이 지금의 이집트에서 인도 북부까지 정복한 스파르타 국민 아동교육의 기초였다. 자제는 결단과 자기희생을 요구하지만 벌(Punishment)이 아니고 수양을 쌓는 것이며 바라는 목적달성의 가능성을 높인다. 동양의 유교교육에도 같은 내용의 가르침이 있는데 수신(修身)은 가정, 국가, 천하 통치의 근본이라고 하는 것이 그것이다.

요즘 낙후하는 미국 초·중·고 문제도 일부 빈민층 아동들의 'Self-discipline' 부족 탓이며 미국 같은 민주주의 자유 시장경제에서 빈민이 된 원인 역시 자제가 없기 때문이라고 생각된다.

세계화 시대에 교육과 능력도 중요하지만 신사(숙녀) 대접을 받으려면 신사(숙녀) 노릇이 필수 요건이다. 미국 상류층에서는 교육수준보다 매너(Manner)수준이 출세에 더 큰 비중을 차지한다. 매너의 기초 역시 자제와 수신이다.

한국 부모들이 좋은 학군을 찾아 빚까지 내어 이사하고 나아가 남편은 학비조달용으로 집에 두고 아내가 아이와 함께 미국으로 가서 기러기 부부로 지낸다는 사례는 타 국가와 문화에서는 상상 외다. 물론 다른 나라에서도 기러기 부부도 있고 여러 가지 금전과 기타 희생을 하면서 유학 보내는 사례는 있지만 인구비례로 보면 한국보다 부유층 수가 더 많은 인도, 중국, 일본 등에 비해 한국 유학생 수가 몇 배가 아닌 15~20배 이상 많다. 말하자면 미국은 돈은 좀 들지만 한국 학생의 제일 좋은 학군이요, 비싼 공부방이다(America is an expensive but the best school district for Koreans).

미국 사회에서도 기러기 남편이 있다. 미국에서 '여성 가장들을 돕는 자녀 부양비(Aid to Family of Dependent Children; AFDC)'라는 사회복지제도가 있어 부부가 법적으로만 이혼하여 보조금을 타는 짓을 하며 남편이 밤에만 나타난다. 이런 현상이 사회복지제도의 실패요, 관료들이 생각도 못한 도의적 폐단이 나타나는 예이다. 요즘 중국에서도 1가구 2주택 세금을 면하기 위해 서류상으로만 이혼을 한다고 한다. 이 사례 역시 대중이 정부 관료보다 항상 한 발 앞선다는 예이다. 한국에서도 국민의 세금으로 충당하는 보조금을 타기 위해 아버지가 딸을 병신으로 만들었다는 하늘이 노할 짓을 하지 않는가 말이다.

# 나의 무자격/무작정 미국 유학 길

**자격미달 유학생**

대학교육을 받지 못한 미국인 중 약 70%는 가장 큰 이유로 돈이 없는 것, 다음은 자격 미달을 말한다.

한국 학생이 학구열만으로 돈과 자격 미달 문제를 동시에 극복한 사례는 많다. 한 학생은 농업경제 분야에서 미국 내 다섯 손가락 안에 드는 미네소타 주립대학에서 미국 정부 국비생으로 온 서울대 현직교수와 같은 반에서 공부하여 박사 학위를 받았다고 한다. 또 어떤 학생은 북한에서 내려와 부모 없이 공부하면서 고등고시 법과를 마치고 검찰이 되었다는 이야기를 들은 적이 있다.

나 역시 1957년 미국 유학 당시 미국 학생들이 대학을 못 간다고 말하는 모든 악조건을 고루 갖추고 있었다. 여의도 비행장을 떠날 때 정부 공항 심사원에게 100달러의 비상금을 외환법 위반으로 몽땅 몰수당해 미네소타 대학으로 갈 버스 요금도 없고 아무 마중도 없는 미국 공항에 도착한 것을 시작으로 미국 학생들에게 부여하는 등록금 혜택, 장학금, 저금리 학비융자 등은 생각도 못했고 융자 보증인도 없어 은행 문턱에도 못 갔다.

당시 미네소타 대학은 한국과 미국 정부 간의 경제원조의 일부로 서울대를 한국 하버드로 육성한다는 의도에서 전임강사 이상의 교수들을 석·박사 과정에 미국 국비생으로 입학시켰다. 그 그때 한국 대학 졸업생은 2차 대전과 6·25로 약 5년간 공부도 제대로 하지 못하고 그냥 대학을 졸업했다. 다시 말하면 미국 고등학교 2학년 수준의 외국 학생이 미국 일류대학 대학원에 들어간 셈이다.

나는 대학원에서는 학부 전공이었던 화학 대신 아주 생소한 경제학을 전공했다. 일어, 한글 강의에서 대학원 수준의 영어 강의를 듣게 되었다. 이렇게 삼중으로 자격미달인 내가 멋도 모르고 유학을 간 것이다. 이 내용을 알았다면 아예 유학 생각도 안 했을 것이다.

하지만 먼저 유학 간 선배도 없었고 유학원도 없었다. 내가 바로 눈먼 유학의 선구자였다.

# 돈도, 자격도 없이 유학을 갔지만 돌아갈 길은 없었다

미국 대학원은 전체 평균 B 이상이 안 되면 퇴학이다. 그런데 미국 대학원 교우들은 16년간 정규 교육을 받은 우등생(평균 B학점 이상)들이었다. 당시 몇 안 되는 한국 교우였던 서울대 농대 박진환 교수(뒤에 박정희 정부 경제특보), 심연근 교수는 서울대 현직 경제학 중진 교수들이었다. 나는 화학 전공으로 경제학 수업이라고는 1학년 때 깨진 유리창의 판자건물 교실에서 500명이 교과서도 없이 배운(?) 공통과목 경제원론 한 과목뿐이었다.

국무부 관사에서 박진환, 심연근, 김인환(은사) 청장 가족 모임(1968)

사실은 아무것도 모르고 유학했지만 돌아갈 길 없는 상황에서 나로서는 한계점까지 따라가는 수밖에 없었다. 과로와 환경 변화로 아침에 코피가 자주 나기도 했다. 미네소타는 시베리아와 비슷한 위도로 맹추위 때문에 실내는 강한 난방을 해서 공기가 아주 건조한 탓도 있었을 것이다. 거기다 학기 중간에 유행성 독감(Hongkong Flue)에 걸려 일주일 이상 의사(진료)와 목사(숨넘어갈 때) 외에는 방문자도 못 받는 병원 격리실 신세가 되기도 했다.

미국 학생의 경우는 한 학기 휴학하고 복학하면 되지만 당시 한국 학생이 휴학하거나 성적 미달이면 비자와 여권 발급이 되지 않았다. 그 상황에서 내게 남은 전술은 꼭 하나, 성패를 막론하고 돌격하는 전술뿐이었다. 마음 놓고 그냥 하면 된다. Just do it, I can do it!

그래서 나는 그냥 공부를 강행했다. 대학원 수준의 거시경제(Macro Economics)에 F(낙제)를 받아 쫓겨날 판이었는데 학부전공이자 미국 대학원 부전공이었던 석·박사 수준 미생물학(Microbiology)에서 25명 중 최고점수를 받아 지도교수의 특별 고려로 퇴학을 면했다. 미국 대학은 교칙보다 지도교수의 판단을 믿고 그의 재량에 따른다. 나의 지도교수였던 Berg 교수는 뒤에 사우스다코타 주립대학에 총장으로 영진했다.

# 궁핍한 유학 생활

세계 최강대국 미국의 대졸 진학률이 단 30%란 것은 돈 때문이라고 그들은 말한다. 대학 중퇴율 38%도 돈(Financial pressure) 때문이라고 통계·발표한다. 하지만 내가 반세기에 가까운 시간 동안 관찰해온 바에 따르면 일부 미국 사람들에게 부족한 것은 돈이 아니고 공부하겠다는 의지와 학구열이다(Lack of the will and dedication to learning among the American population). 미국 사회는 너무 물질만능주의로 흐르고 있고 돈이 만사를 해결한다. The money talks!

이런 사고방식에서 학생 자신과 가족의 의지와 교육열이 바른 해법이라는 동양적 사고방식(The Wisdoms of the East)으로 전환하면 요즘 미국 초·중·고 낙후 문제 해결의 시발점이 될 수 있다.

나는 경북대 1학년에서 졸업 때까지 4년 동안 한국에 방문하는 여러 선교사와 선교사가 운영하는 성경통신학교 통역, 사무실 업무, 미 8군사령관 타일러(Maxwell Taylor) 장군의 대학 방문 시 통역과 기

대학 시절, 구호재단 선교사 통역 장면

도미 유학 기념(1957)

타 대학 통역을 맡았다. 또 미군 부대 장교와 미국 정부 한국 파견 공무원을 대학에 초대하여 한국에서는 처음으로 무료 원어민 대학 영어강좌를 개설하면서 다양하고 바쁜 대학 생활을 했다.

한국을 떠날 때 밤낮없이 한집에서 살면서 4년간 봉사한 선교사에게 유학비 500달러(1957년 당시 미국 우표 3cents, 2012년 49cents)를 환전해달라고 부탁하니 내 돈은 하나님의 돈이니 그 당시 공정 환율의 3배인 '골목 암달러상 아줌마율'로 달라고 하기에 단념했다. 그런후 비교적 초면인 미네소타 대학 한국 파견 교수 스나이더(Snyder) 박사에게 사정을 말하니 500달러를 두말없이 공정 환율로 환전해주었다. 그 500달러는 스나이더 박사의 개인수표로 받았고 그는 미니애폴리스에 도착하면 자기 형이 경영하는 Snyder Drug Store에서 현금을 받으라고 했다. 수표는 가방에 잘 챙겨 넣고 바로 쓸 수 있는 현금 100달러를 지갑에 넣어 여의도 비행장에 갔는데 검사원에게 100달러의 현금 소지는 외환법 위반이란 이유로 몰수당하고 말았다. 마중 나온 육군대령과 내가 도착해서 식비와 학교까지 갈 교통비도 없으니 봐달라고 검사원에게 애원하는 중에 비행기는 떠나버렸고, 결국 돈도 못 찾고 그 다음 주가 되어서야 미국으로 떠날 수 있었다. 공항에 도착했지만 학교까지 갈 차비가 없어 우선 Snyder Drug Store까지 택시로 가서 돈을 받아 택시비를 내고 아침을 먹었다. 가방 둘은 가게에 맡겨두고 대학에 등록하러 가니 등록금을 늦게 냈다고 10% 과태료까지 내고 말았다. 숙소를 구해야 했지만 너무 피곤했다. 교내 버스 옆자리에 타고 있는 학생에게 사정을 푸념하듯 이야기하니 마침 자기 부인이 대학 병원 간호사로 있는데 그곳 병실에 잠깐 쉬어가라 해서 2시간을 쉴 수 있었다. 나올 때 보니 침대 시트에는 내 바지 자락에 묻어 있던 여의도 비행장 모래가 잔뜩 흘러 있었다. 그날 밤 대학 학생처에서 하숙을 마련해주어 맡겨 둔 가방을 찾으려고 하숙집 주인에게 Snyder Drug Store로 데려다 달라 하니 이 점포는 체인으로 시내에 수십 개 있다고 했다. 결국 그 주소를 기억하지 못해서 근처에 아무 Snyder Drug Store에 가서 Willy Snyder의 점포 주소를 알아내서 짐을 찾아 왔다. 그렇게 나는 좁은 다락방에서 먼저 와 계시던 서울대 임학과 교수 두 분과 같이 잠만 자는 하숙을 시작했다.

이것이 나의 미국에서의 학비와 생활비 문제의 시작이다. 당시 환전과 송금 규제로 월 140달러 외에는 더 이상 송금을 받지 못했다. 그래서 다음 해부터는 대학 식당에서 시간당 1.25달러를 받고 4시간을 일하고 4시간은 수업에 들어갔다. 이승만 대통령 때는 송금이 늦어 등록금을 제때 못 내기도 했다. 등록금을 내지 못하면 성적표를 받지 못하고 비자 연장 때는 성적표를 첨부해야 했다. 그래서 초면인 서울대 박진환 교수에게 사정 이야기를 하여 두 번이나 100달러씩 빌렸는데 언제 갚겠느냐고 묻지도 않으셨다. 이것이 바로 내 인생 마지막으로 남에게 돈을 빌렸던 일이다. 그 뒤 박진환 교수는 학업을 마치고 귀국하여 서울대에 재직하셨고 박정희 대통령의 경제특보로 새마을운동의 선구자 역할을 했다.

학교 등록금과 생활비를 자급하기 위해 많은 미국 학생들이 교내나 교외에서 일을 한다. 학교 밖 시내 아르바이트는 시간낭비가 심해 학기 중 학생들에게는 적당한 일이 아니다. 교내 일은 수업과 일을 잘 접목할 수 있고 다른 학생들과 같이 어울릴 수 있었는데 특히 외국인 학생에게는 좋은 남자(여자) 친구 만나기에는 좋은 기회가 된다. 교외에서는 서로 신분을 의심하지만 교내에서는 그런 의심이 사라지게 된다. 교내 식당에 일하는 학생들은 다 비슷한 환경에서 자란 의사, 변호사, 공무원, 자영업 집안 출신이었다. 일하면서 대화를 많이 나누곤 했는데 그때 들은 수업내용은 잊어도 식당에서 일하면서 서로 주고받은 미국식 Jokes는 아직까지 기억하고 있을 정도로 좋은 추억이다. 당시 학교 식당에서 고학한 경험이 없었다면 미국 사회와 사람을 일대일로 아는 기회가 없었을 것이다.

나는 석사 학위는 받지 않고 바로 박사과정에 들어가 소정 이수과정(Required Course Work)을 마쳤다. 그 후 박사 학위 필기와 구두시험에 합격한 뒤 대학의 강사직(Assistant Marketing Specialist)에 임명되어 박사 학위 논문을 완성하는 동안 농촌에 나가 농산물 시장 강의와 월간지 『Farm Business』에 시장에 관한 기사를 쓰고 발행했다.

미국 학생은 성적이 별로거나 자기 돈이 없어도 각종 연방정부, 주정부, 기업, 개인의 장학금, 정부 지원의 졸업 후불 저이자 융자 등 외부 지원으로 대학을 나올 수 있다. 또 고졸과 대졸 봉급에 큰 차

NO. 493. MARCH 1967    INSTITUTE OF AGRICULTURE, UNIVERSITY OF MINNESOTA

## Minnesota Farm Business Notes

### U.S. Demand for Wheat for Food by Classes

J. C. Chai and R. P. Dahl

Wheat, the premier food grain, is not a homogeneous commodity. Wheat consists of several classes with distinct characteristics and uses. But wheat price support programs make little distinction between classes, thereby contributing to the imbalances between supply and demand among classes. In 1961, when our wheat surplus was at a maximum, this imbalance was severe. Since then, stocks by classes have been brought into closer balance with demand (table 1).

Although each class is best suited for particular uses, the classes are somewhat interchangeable. Substitution of one wheat for another may occur in response to changes in relative prices. The purpose of the study on which this article is based was to analyze substitutability of wheat classes in response to price changes.

#### Geographic Distribution of Production

The production regions of the major classes are shown on the map. Hard red winter represents more than half of the total wheat production. Leading producing states are Kansas, Oklahoma, Texas, Nebraska, and Montana. This wheat is used primarily for commercial bread and family flours.

The second major class of bread wheat is hard red spring. It is produced mostly in North Dakota, South Dakota, Montana, and northwestern Minnesota. It is best suited for specialty bread

**Table 1. Estimated carryover of wheat by classes, United States, July 1, 1961 and 1966**

| Class | 1961 | 1966 |
|---|---|---|
| | million bushels | |
| Hard red winter | 1,108 | 275 |
| Hard red spring | 237 | 186 |
| Durum | 12 | 55 |
| Soft red winter | 12 | 8 |
| White | 38 | 12 |
| All wheat | 1,407 | 536 |

flours, such as those used for hard rolls and hearth breads, and for commercial bread flour.

Durum, a special type of spring wheat, is ground into semolina from which macaroni and spaghetti are made. Most durum is produced in five northeastern North Dakota counties. This area is often referred to as the "durum triangle."

Soft red winter wheat is grown in high rainfall areas such as Indiana, Illinois, Ohio, and Missouri. It is used primarily for cake, pastry, and cracker flours.

Although white wheat is grown primarily in the Pacific Northwest, a sizable acreage also is found in Michigan. Most white wheats are soft and are used for cracker and pastry flours.

#### Wheat Quality and Uses

Wheat use is influenced by both protein content and quality. Protein content of wheat varies greatly among classes, from 7 percent for white wheat to 17 percent for some hard red spring. Protein content greatly affects wheat purchases by the domestic milling industry. However, there is no quick and accurate test for protein quality. And quality often varies—more within some classes of wheat than within others.

The largest single use of food wheat is for commercial bread flours. Hard red winter and hard red spring wheats share this market. Flours for commercial pan breads are often blends of the

U.S. wheat acreage by region.

(Continued on page 3)

### Red River Valley Potato Industry in Transition

J. K. Hanes and F. J. Smith

Dynamic stability was the keynote of the U.S. potato industry during the first half of this century. That period was marked by an expanding population, declining per capita consumption of potatoes, rapidly declining acreage, sharply increasing yields, and major shifts among production areas. But despite these many internal changes, the total market remained remarkably stable. There was little tendency for growth or decline and little change in the product itself or in the manner in which it reached the consumer.

Between 1910 and 1950, the U.S. population increased about 60 percent. This demand-expanding force was almost offset by a 45-percent decline in per capita potato consumption. The volume of potatoes produced during 1950-54 was only 6 percent greater than that produced during 1910-14.

Beginning in the early 1950's, rapid and dramatic changes in the size and composition of the U.S. potato market got underway. Per capita consumption of all potato products began to stabilize, halting a long downward trend. The aggregate market for potatoes began to expand in step with population increases. Production in 1960-64 was 19 percent greater than in 1950-54. The reversal of downtrend in consumption and the associated expansion of production are attributed primarily to the introduction and rapid consumer acceptance of new processed potato products.

#### Changing Consumption Patterns

Prior to World War II the only processed products of any importance were potato chips, canned potatoes, and potato flour. In 1940 the consumption of processed potato products was less than 2 pounds per person compared to about 120 pounds for fresh tablestock potatoes.

Since World War II and especially since 1950, the processing industry has expanded rapidly. Per capita consumption of processed products increased from 6.3 pounds (fresh weight basis) in 1950 to 36 pounds in 1965—almost a sixfold increase. Although the consumption of potato chips almost tripled between 1950 and 1965, the greatest consumption change occurred for new dehydrated and frozen products. Per capita consumption of dehydrated

(Continued on page 2)

Farm Business

가 있어 대학 졸업했을 때 이익이 크다. 나로서는 아직 미국 사람들이 왜 이 같은 좋은 기회를 놓치는지 알 수가 없다. 하지만 '이래도 한평생 저래도 한평생이데!' 하는 이들 '태평세월' 철학은 우리가 오히려 배울 점일 수도 있다!

# 한국 고유의 '사찰 대학원'

돈이 없어 대학을 못 갔다는 것은 미국 사람들의 변명이다. 한국 사람은 미국 사람보다 더 소득이 낮지만 대학 진학률은 오히려 더 높다.

한국에서 대학을 나와 법관이나 행정관이 되려면 어려운 고등고시에 합격해야 된다. 그래서 한국에는 교수, 교실, 기숙사, 도서관도 없는 '사찰'에서 사찰의 호의로 제공하는 공간에서 누구의 도움 하나 없이 자기만의 학구열과 의지로 몇 년이 걸리든 합격할 때까지 독학하는 세계 유일의 '최고 과정 대학원'이 있다. 영어의 Independent Study라는 것이 바로 이것이고 이 대학원은 등록금, 까다로운 입학 조건, 기숙사비, 입학 졸업 기간 없는 '자유의 학당 (All Free Studying Institute)'이다. 이곳은 한국의 많은 법관, 행정관, 학자, 사회 유지 등의 졸업생을 배출하며 세계 유일의 한국형 간판 없는 전액 장학금 '사찰 대학'이다.

내 친구 H 박사는 어려서 월남하여 중학교와 대학교는 형님 집에서 하고 고등고시 공부는 절에서 했다. 미국에서 이런 환경에 놓였다면 고등학교도 졸업하지 않고 공부를 포기했을 것이다. 그는 그 뒤 검찰 지청장으로 각 지방에서 지역개발과 주민운동을 하여 민주주의 결함을 보충하여 바른 민주주의 활동의 모범이 되었다.

한국 사람의 교육열은 고려 과거제도부터 내려온 전통이고 조선

시대 말에도 우리 조상들은 일제에 주권을 박탈당하기 직전까지도 근대화를 위해 갖은 노력을 했다. 1900년대 전후 우리나라에 처음 사진관이 생겼는데 학도들은 갓을 쓰고 도복을 입고 책을 손에 든 채 기념사진을 찍었다. 어느 문화권에서도 학생들이 책을 들고 기념사진을 찍는 모습은 찾아보기 어렵다. 당시 일본은 칼을 쥔 기념사진들이 대다수다. 한국에는 영어, 수학책들이 없어 미국과 중국에서 입수했고 일본 역시 자국에서 쓴 책이 없어 미국 책을 복사한 것을 한국 학도들이 입수한 것이다.

서재필 박사(미국 의과대학 의학박사), 이승만 박사(프린스턴대 박사)가 도미했던 20대에 돈이 없어 심한 민족차별을 당하면서도 미국의 유명 고등학교, 대학교, 대학원을 졸업했다는 것은 요즘 한국 학생과

▼ 대한제국 말 집안 가계부(1900년대 초)

草綠毛本緞上衣壹端
松花色毛本緞上衣壹端
粉紅毛䌷上衣壹端
草綠甲紗上衣壹端
玉色官紗上衣壹端
紅甲紗下衣壹端
玉色甲紗下衣壹端
土紬壹疋
班紬壹疋
白学壹疋
唐木壹疋
三升木壹疋
細木貳疋
中木壹疋
下木貳疋

◀ 부친의 학도 시절 모습(1906)

 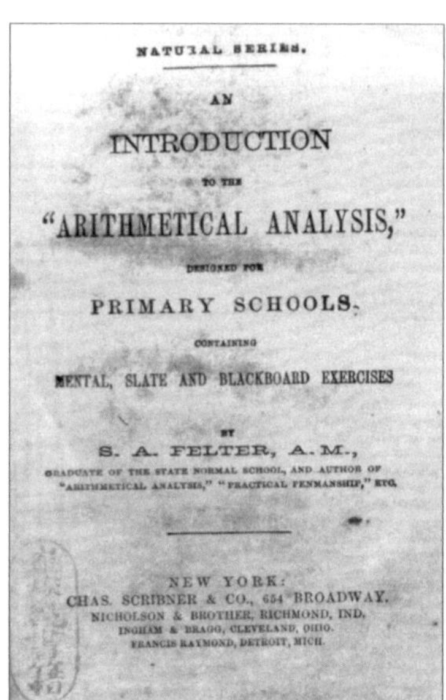

미국 영어교본(1900년대 초)  미국 수학교재(1868년)

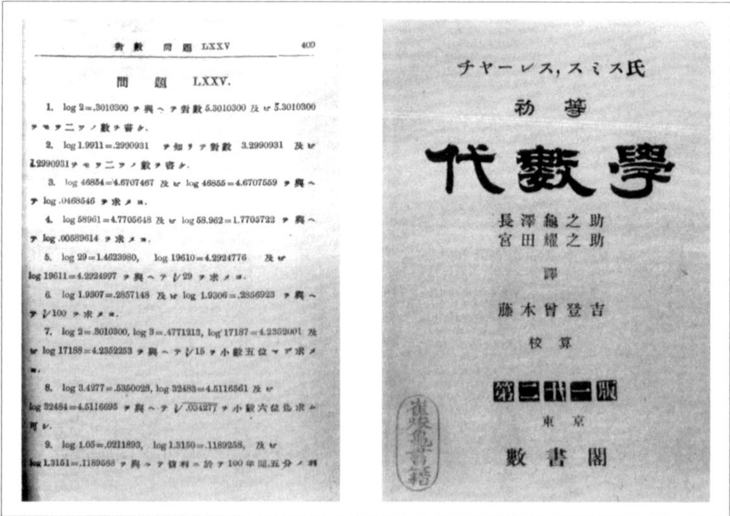

미국 대수책, 일본 인쇄판(1900년대 초)

그 당시 미국 학생들도 상상도 못할 노력으로 이룬 기적이다. 요즘 같이 우체국, 서점, 은행, 환전소가 흔한 것도 아니고 한국에 선박 한 척도 없었던 시대에 각국의 책을 입수했다는 고생도 상상을 초월할 뿐이다 (The trouble to obtain these overseas books in those days in Korea goes beyond our imagination!). 반대로 지금의 많은 미국 초·중·고 학생들과 소수의 한국 학생들도 책을 코밑에 갖다 줘도 거들떠도 안 본다.

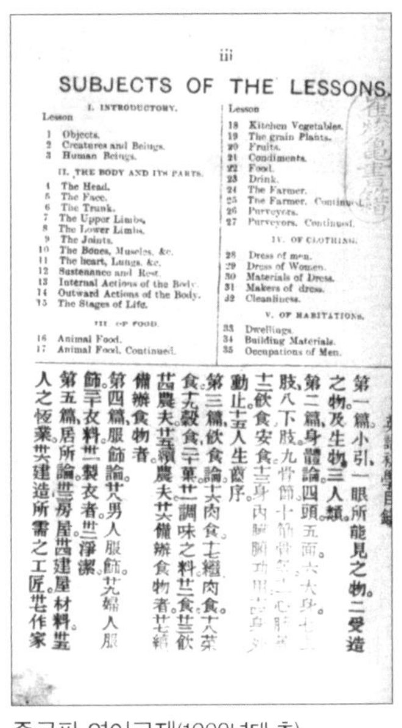

iii

SUBJECTS OF THE LESSONS.

| I. INTRODUCTORY. | | |
| --- | --- | --- |
| Lesson | | Lesson |
| 1 Objects. | | 18 Kitchen Vegetables. |
| 2 Creatures and Beings. | | 19 The grain Plants. |
| 3 Human Beings. | | 20 Fruits. |
| | | 21 Condiments. |
| II. THE BODY AND ITS PARTS. | | 22 Food. |
| 4 The Head. | | 23 Drink. |
| 5 The Face. | | 24 The Farmer. |
| 6 The Trunk. | | 25 The Farmer. Continued. |
| 7 The Upper Limbs. | | 26 Purveyors. |
| 8 The Lower Limbs. | | 27 Purveyors. Continued. |
| 9 The Joints. | | |
| 10 The Bones, Muscles, &c. | | IV. OF CLOTHING. |
| 11 The heart, Lungs, &c. | | 28 Dress of men. |
| 12 Sustenance and Rest. | | 29 Dress of Women. |
| 13 Internal Actions of the Body. | | 30 Materials of Dress. |
| 14 Outward Actions of the Body. | | 31 Makers of dress. |
| 15 The Stages of Life. | | 32 Cleanliness. |
| | | V. OF HABITATIONS. |
| III. OF FOOD. | | 33 Dwellings. |
| 16 Animal Food. | | 34 Building Materials. |
| 17 Animal Food. Continued. | | 35 Occupations of Men. |

중국판 영어교재(1900년대 초)

　사실 공부에 대한 위의 사례는 한국 사회에서는 보통이고 딱히 이야깃거리도 아니다(No Big Deal!). 하지만 우리 조상들의 교육열을 묘사할 영문판은 우리 교육문화를 소개함과 동시에 오바마 대통령과 영어권 사람들에게는 큰 깨우침(Awakening)과 참고가 될 것이라고 생각한다.

　이 같은 배움에 관한 학생 자신과 가족의 희생은 타 민족 문화에서는 보지 못하는 전통이다. 이것이 바로 수천 년의 역사에서 중국, 일본, 몽골 같은 이웃 국가들의 거듭되는 악랄한 침략에도 국가를 지킬 수 있었던 힘이 아닐까?

프랑스의 『르 피가로』는 '한국의 성공비결은 공부 또 공부'라며 '한국은 일주일에 평균 50시간을 공부하고 있다. 이는 OECD국 가운데 가장 공부를 많이 한다. 정규수업, 보충수업, 학원수업으로 고3 학생은 하루 5시간 24분밖에 잠을 자지 못한다. 사교육비는 GDP의 3.5%로 세계적으로 유례가 없다'고 말했다.

여러 번 강조하듯이 한국의 교육열은 어느 문화권에서도 볼 수 없다. 이것을 입증하는 것은 각국의 미국 유학생 수이다.

미국 대학 유학생 수와 전체 %를 보면 2008년과 2009년 1위는 인도(103,260명-15.4%), 2위는 중국(98,235명-14.7%), 3위는 한국(75,065명-11.2%)이다. 상위 3개국은 모두 아시아 신흥국들이다. 각국의 인구비로 환산하면 한국은 인도의 16배, 중국의 26배의 유학생을 미국에 보내고 있다.

미국 가호소득은 한국보다 높지만 19%의 대학 중퇴자 중 대다수(38%)가 학비를 조달하기 힘들다는 이유를 든다. 한국식 생각으로는 이유라고 보기 어렵다(No Excuse!). 미국은 한국보다 다양한 학비 지원이 있다. 대학과 공사 기관의 각종 장학금, 대학 조교직, 정부와 은행의 저금리 졸업 후 장기융자 등이 그것이다.

하지만 많은 미국의 변호사, 의사 등 최고소득직종 졸업생들도 사회의 호의를 남용하여 변상을 하지 않아 기금을 고갈시키고 있다. 이러한 해택은 외국인 유학생에게는 해당되지 않는다. 학비를 빌린 뒤에 본국으로 도주할 우려가 있어서 그런 것이 아니라 유학생의 입학(입국) 조건에는 재정보증서라는 것이 있어서 아예 학비나 생활비가 없다는 말을 못하게 되어 있다(원천 봉쇄).

외국인 학생에게 주는 유일한 해택은 대학원 조교직으로 먼저 내국인 학생에게 우선순위를 주고 다음으로 우수 외국인 대학원 학생에게 기회를 준다. 여기에 사용되는 대학원 연구비는 기업과 정부에서 주는 것으로 주로 공대, 상대 등 산업계 전공학과가 대상이고 인문계는 외부 연구비 지원이 적어 조교직이 외국인 학생 순위까지 가지 않는다.

나도 박사과정 단계에서 강사직을 받아 정부의 계약연구, 농촌지도소 강의로 미네소타 주의 각 농촌마을을 다녔을 때 많은 농민 수강생들이 모여 들었다. 알고 보니 농번기 농민들이 농산물 시장 강의보다 처음 보는 한국 사람이라 내가 중국 판다처럼 구경거리가 된 것이다. 한국의 대학 진학률은 OECD 국가에서 1위로 37%, 미국은 30%(미국 동양계는 52%)이다.


## 조기유학의 득실

미국 조기유학의 목적은 먼저 영어회화를 원어민처럼 하는 것이 목표이다. 일반적으로 13살이 넘으면 Accent를 벗기 어렵다. 하지만 미국 Hotel Boys는 6개 국어를 Accent 없이 잘해도 그 직업에서 벗어나지 못한다. 말은 대화 수단이지 밥벌이 도구는 아니다.

조기유학 교육에 관련된 경제적·가정적 문제도 크지만 아동의 인성교육이 더 큰 과제다. 최근 미국 초·중·고 교육의 낙후상태를 고려하면 실이 득보다 크다고 본다. 특히 아동의 인성교육문제에는 큰 관심을 기울여야 한다. 잘못하면 조기유학생 중에 이것은 한국아이도 아니고 미국 아이도 아닌 인간이 되어 한국과 미국 양 사회에서 배척받는 인물이 될 수 있다는 것이다. 큰 기대와 많은 돈으로 시작한 조기유학이 조기인생 실패로 끝나는 경우를 종종 보는데 당사자와 부모들은 가족끼리 쉬쉬하니 주변 사람들이 그 사실을 모른다. 그래서 일부 미국 교민은 역으로 수리 교육을 위해 한국 조기유학을 생각한다는 말도 있다.

영어 Accent는 미국 대통령도 출신지에 따라 조금씩 있다. 독일 태생 키신저(Henry Kissenger) 국무장관은 심한 독일식Accent, UN 반 총장과 나도 한국식 Accent가 있지만 임무 수행에는 지장이 없고 오히려 각자의 지방색을 나타내는 "매력(Charm)도 된다.

경제적 측면에서 보면 한국 초·중·고, 대학까지는 미국보다 교육비가 1/3 이하이고 나처럼 대학원 과정만 미국 일류 대학에서 이수하면 미국뿐만 아니라 어느 나라에서도 취직이 가능하다. 또 이공계 대학원에서는 기업에서 필요한 연구를 추진하기 위해 외국인 학생에게도 많은 연구비를 주기 때문에 연구조교직을 맡으면 신혼가족 생활비까지 마련할 수 있다.

글로벌 대기업은 몇 개국의 말과 문화에 더 능숙한 인재를 요구한다. 나도 미국 정부에 있을 때 Exxon 석유사(社)에서 한국어, 일본어, 한문과 아시아 문화를 잘 안다는 이유로 스카우트 제의가 왔었는데 한 번 수락했다가 마음을 바꾼 적이 있다. 영어 발음을 미국인과 같이 잘 한다고 세계적인 대기업에서 그 당시 나를 일부러 스카우트할 리 없다고 생각한다.

Globalization은 세상이 한 나라, 한 마음이 된다는 뜻이니 국적과 거주지는 큰 의미가 없다. 각자의 교육, 능력, 좋은 매너의 결합은 세계적으로도 존경과 환영을 받는 '차표 한 장'이다.

# Ⅲ. 미국의 낙후된 초·중·고:
## 우수한 대학교육
### (유망 전공·직종)

# III.

## 학제

현행 한국 학제(미군정 시대 제정)와 같이 미국도 6-3-3-4제를 근간으로 하고 있어서 한국 유학생의 입학과 전학수속에는 안성맞춤이다. 각 주별로 지역의 특색에 따라 계속 부분적인 보완이 있지만 한국 학제와 큰 차이는 없다.

미국의 유아교육을 연령대별로 나눠 보면 유치원(Kindergarten: 4~5세), 초등 유치원 (Pre-Kindergarten: 3~4세), 탁아소 III(Preschool: 2~3세), 탁아소 II(Preschool 2: 1~2세), 탁아소 I(Preschool 3: 0~1세)로 볼 수 있다. 미국에서는 탁아소를 속칭 Nursery School(유아 학교)이라고도 하고 초등학교를 Grammar School(예전의 서당이나 글방에 해당)이라고도 칭한다.

대학원 석박사과정은 보통 3~4년이며, 박사 소지자 수련과정(Post doctoral study and research)은 1년 정도이다. 석·박사 수업과정을 마친

후 영어 외에 2개의 외국어 시험에 합격하고 필기시험과 구두시험에 합격하면 연구논문을 제출해야 한다. 박사 학위논문은 몇 년간 여유시간을 주어 준비하게 하고 기간 내에 제출하게 하는데 교수 5명의 심사에 통과해야 한다. 심사에 통과하면 발표는 같은 심사교수에게 하는데 이 발표를 원만하게 마치면 그 해 학기말에 졸업할 수 있다. 대학마다 약간의 절차의 차이는 있을 수 있다.

미국 학교의 재원 출자 순서는 3단계로 볼 수 있다. 지역구(Local), 주(State), 연방정부(Federal) 순서로 아동, 초·중·고는 의무교육이다. 공립은 주로 지방정부의 부동산 세수에서 충당하고 등록금이 없다. 반면 사립은 학생 부담이다. 학생들의 공립, 사립 선택은 자유롭다. 대학 역시 사립(주로 등록금)과 공립(주로 세금재원과 등록금)으로 자유 선택이다.

지방에서 선출된 지역 교육위원이 주 입법부의 요강(Directives)에 따라 각종 교육 방침을 결정한다. 지방교육구는 일반 행정구와는 별도로 독립된 행정과 예산 체제로 구성된다. 교육수준과 표준시험(Standardized Tests)은 주정부에서 설정한다.

의무교육연령은 주마다 차이가 있는데 5~8세부터 시작하여 14~18세까지다.

학년은 한국처럼 3월이 아닌 8월말에서 9월초에 시작한다. 겨울방학은 크리스마스와 신년을 지나 1월 초에 끝나고 여름방학이 5월말이나 6월초에서 8월말 또는 9월초까지로 길다. 미국 개척 당시 이민들이 대부분 농업에 종사(1850년대 농민인구 약 90%)하여 여름에는 아이들도 일하고 농한기에는 공부한다는 방식이다.

학기제도는 4학기제(Quarter System) 혹은 한국처럼 전·후반 학기(Semester System)로 구분한다. 내가 다닌 미네소타 대학은 4학기제로 학생과 교수 모두 정신이 없다. 숙제, 중간· 기말시험으로 시간이 정말 빨리 가기 때문이다. 여름에는 여름학기(Summer School)가 있어 4년제 대학도 학점 취득에 따라 규정된 4년 이전에 졸업할 수 있다. 또 타 대학에서 취득한 학점도 인정받을 수 있는데 이는 사전에 지도교수와 상의해야 한다. 학제에서도 규제에 묶인 신축성 없는 한국 교육제도보다 학생편의와 장래가 우선이고 학교운영편리는 그 뒤다.


# 미국 교육사

1635년 영국 식민지였던 미국에 처음으로 Boston Latin School(라틴어 학교, 말하자면 우리의 한문서당, 뒤에 Grammar School, Elementary School로 진화)이 창설되었고 18세기에는 대도시에 소학(Grammar School: 글 배우는 서당에 해당)과 신학교가 설립되었다. 영국에서 독립 후 여성교육이 시작되고 남북전쟁 후에 흑인 아동교육이 시작한 것이다. 하지만 19세기 중반까지는 가택교육(Home schooling: 개인 집에서 교사 자격증을 가진 부모나 이웃교사들이 보통 1~6학년 학생을 한 방에서 모아 교육함)

이 많았고, 특히 남부지방의 주된 교육기관 역할을 했다. 지금 한국의 영어사전에서는 Home School을 House School이라고 오역하고 있다. Home은 가정을 말하고 House는 일반적으로 건물을 말한다. 예를 하나 더 들면 민간요법은 Home remedies이며 House Remedies은 아니다. 이런 종류의 어색한 영어가 한국의 영어사전, 학계, 정부, 보도진 사이에 많이 돌고 있다.

1870년에는 각 주에 무료 초등학교가 창설되고 20세기 초반에는 초등교육을 의무화하여 72%의 아동이 교육을 받게 되었다. 또한 사립학교, 단과대학과 외곽의 국유지에 주립 종합대학(Land Grant College)을 설립했다. 외곽에 학교를 설립한 이유는 저렴한 땅 값과 학생들이 공부에 집중하도록 한 것이지만 그 후 대부분의 주립대학이 도심지로 변했다.

1910년에는 미국에 첫 High School이 생겼다. 그 당시 미국 각 지방의 초·중·고, 대학의 질의 차이는 대단했다. 그래서 최근 교육방침은 학군 간의 질적 평등화, 초·중·고의 흑백 갈림 문제, 빈곤 흑인과 남미계의 대학교육 진학 권장활동 등에 주력하고 있다.

1965년에는 초·중·고의 표준화 시험(Standardized Testing)을 입법화하고 2001년 빠짐없는 전 아동교육법(No Child Left Behind)을 선포했지만 그 결과는 생각대로 나오지 않고 있다.

미국 교육 전문가들은 목표가 현실적이 아니라고(Unrealistic) 보고 있다. 공부 안 하겠다는 아이들에게는 나라님도 항복하고 만다. 선거운동 슬로건으로는 그럴 듯하고 듣기 좋은 노래지만(A good sounding political slogan, but unrealistic!) 미국의 복지제도 안전망 위에서 편히 사는 낙후계급에게는 어느 개(?)가 짖나(Who the heck is barking!) 하는 식으로 마이동풍(馬耳東風)이다. 직선적으로 말하면 정부의 복지 안전망 위에서 이미 충분히 안전한데 거기에서 나와서 하기 싫은 공부하면서 일해야 하니 그런 공부는 소용없다는 현명한 판단이다.

앞에서 말한 것처럼 한국의 현대 교육사를 미국과 비교해보면 오히려 그 당시 미국학생보다 절대 떨어지지 않는다. 조선시대 말 한국 학생들은 미국 고등학교 학생 수준의 수학(연립 방정식, 지수, Log 등) 공부를 했다. 영문 필체는 Script체(영문 초대장체)로 요즘의 미국 대학 학생보다 더 훌륭했다. 지리학, 일어, 한자까지 합하면 미국학생보다 더 많은 공부를 했다. 조선시대 말 당시 외국 책을 다루는 서점과 우체국도 없는 상황에서 어디서 구했는지 1860년 남북전쟁 당시의 미국 수학책, 청나라의 중국판 영어 교과서, 메이지유신

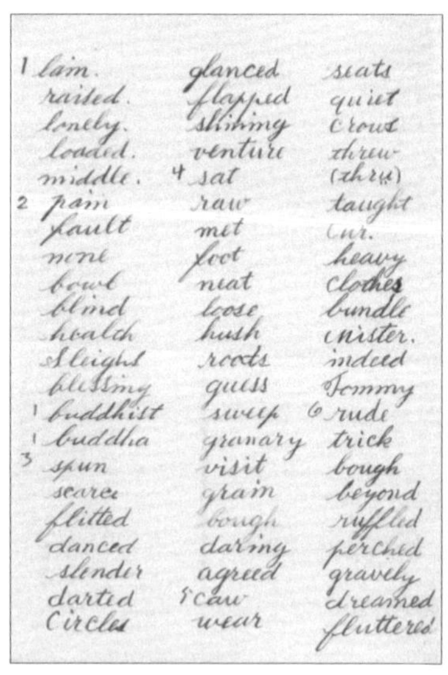

부친의 연습장 영어 필적(1906년)

때 미국 책을 복제한 일본 출판사의 수학과 영어 교과서 등으로 공부했다. 우리들의 학구열은 최근의 현상이 아니고 역사적으로 쌓인 전통이다. 지금의 치맛바람은 옛 서당바람과 같다.

그때 미국에서는 교육을 받지 못한 이민자들이 넘쳐났고 제 이름만 겨우 쓰는 경찰 공무원들도 많았다는 이야기가 있다. 뉴욕에서는 이름만 제대로 쓰고 웃전 좀 주면 공무원 합격이라는 말도 있었다. 그래서 하급 공무원들이 합격에 들인 밑천을 뽑기 위해 부조리가 왕성한 시대였다. 일반 사회도 무법천지(Lawless Land)로 당시를 묘사하는 영화에 'Have a gun will tavel(총이 해결사)'라는 말도 나온다. 물론 소설과 영화는 과장된 면이 없잖아 있지만 말이다. 농기구 수확기(收穫機)를 개발하여 재벌이 된 International Harvester 창립자 Cyrus McCormick의 후손이 기업인 모임에서 자신이 지금 선대처럼 기업을 운영했으면 이미 오래전에 '큰집' 신세가 되었을 것이라고 말하기도 했다. 개척과도기에는 무엇이든 '통'하는 시대였다(Anything goes!).

일본은 천년 넘게 계속되는 내전으로 사무라이의 나라로 학문에는 소홀했다. 그 와중에도 도쿠가와 막부의 창립자인 도쿠가와 이에야스는 국가통치원리를 배우기 위해 한국의 유학자를 선생으로 두고 유학 공부를 했다. 또 봉건 세습제로 상류층은 공부와 무술을 연마할 필요가 없어 문무(文武) 공부를 하지 않았고 하급 사무라이는 연 봉록 25석(石)을 가지고는 생활이 안 되니 부업으로 무술 도장 혹은 서당으로 일본 무술과 지식의 전통을 이었다. 메이지 시대의 집권자들은 하급 사무라이 출신들이 많았는데 이토 히로부미(뒤에 한국 총감)도 농가 태생 하급 사무라이 출신이고 미쓰비시의 창립자도 말단 25석 사무라이의 후손이다.

1840년대에 들어서 '세계의 호랑이'로 생각했던 청이 영국-프랑스 연합군과 영국 식민지였던 인도 용병, 청보다 봉급 3배 준다고 적의 용병으로 가담한 중국 불평분자들에게 맞서 싸움 한 번 제대로 못하고 '종이 호랑이'가 되는 것을 보고 이래서는 일본도 '종이 원숭이'가 될지도 모른다는 우려를 한 그 당시 지식층인 하급 사무라이들이 하극상의 반란을 일으킨 것이 메이지유신이다.

그 뒤 일본 신정부 공무원 시험에 글자 한 자 제대로 공부하지 않은 상급 사무라이들도 응시했다. 그 시험지가 아직 남아 있어 당시 일본 공무원의 지식수준을 엿볼 수 있다. 한 예로 안녹산이 무엇이냐는 질문에 안녹산은 중국의 산으로 후지산보다 큰 산이라는 답을 했다. 안녹산은 당나라 현종 때의 터키계 변방 장군으로 반란을 시도했고 결국 자기 몸종에게 암살당한 인물이다.

이에 비해 당시 대한제국의 관료는 다들 진사(進仕) 급제 출신으로 세 살부터 공부만 한 석학들이다. 문제는 공부만 하다 보니 무에 약해 일본에 당한 것이다. 글로벌 시대에 들어가면서 국적과 국경을 넘어 각자의 교육, 능력과 좋은 매너가 새로운 무기로 등장하고 있다(The attainment of education, capability and fine manner are global new weapons fo individual advancement).

지금 미국은 세계 최강국이지만 5,000만 명(한국 총 인구수)에 달하는 빈곤층이 있고 그 숫자는 계속 늘고 있다. 이 5,000만 명에게는 미국이 세계 최강국이라는 것은 오히려 불편한 겉치레만 된다. 이웃 나라인 멕시코는 빈곤국이다. 일자리를 구하러 목숨 걸고 무장 경비선을 넘어오는 멕시코의 불법 이민자로 미국에게는 큰 골칫덩이지만 동시에 이들이 없으면 하급노동자가 없어 미국의 농장이나 가정의 잡일을 해줄 사람이 없다. 미국 하급노동자들이 다들 복지 혜택을 받기 위해 어려운 박봉 일을 피하고 있는 탓이다. 하지만 멕시코 역시 이러한 빈곤 속에서도 통신사업으로 세계적인 부자가 된 슬림(Slim Helu)이 있다. 즉 국가와 개인의 부는 인과 관계가 없다는 것이다.

Globalization은 세계가 한 동네라는 뜻이기 때문에 강대국이나 약소국이라는 것은 큰 의미가 없다. 세계화는 국가 간 경쟁이 아닌 각 개인과 전 세계와의 경쟁으로 변하고 있다. 동방의 지혜(The wisdoms of the East)인 '수신, 제가, 치국, 평천하'가 바로 다가오는 Globalization 시대의 해법이다. 이 해법의 기초는 남이 아니고 사회가 아니고 국가가 아닌 자기 자신의 수양부터 시작한다. 서방의 지혜(The wisdoms of the West)도 같은 내용으로 바닥에서 위로 가야 하며 그 반대는 안 된다 (Bottom up, not upside down).

# 미국 교육 수준 성적표

◆ 2009년 25세 이상 미국인 교육 성취율(%)

| 분류 | 비율 |
|---|---|
| 고졸 | 86.8 |
| 2년제 와 4년제 대졸 | 38.5 |
| 석사 | 7.6 |
| 박사/의사/약사/변호사 등 | 2.9 |

2000년에는 7,700만 명의 유치원부터 대학원 학생이 공부하고 있고 그 중 520만 명(10.4%)이 사립학교에 간다. 약 85%의 성년이 고졸이고 27%는 대학 졸업생이고 2005년 대학 졸업자의 평균소득은 51,000달러로 고졸 미만보다 23,000달러 높다. 2010년 고졸 실업률은 10.8%, 대졸은 4.9%다.

미국의 15세 이상 문맹률은 1%인데 반면 수리 면에서 타 선진국보다 수준이 낮다. 의무교육을 하는데도 고졸 비율은 77%로 타 선진국보다 낮은데 직장인의 대졸비율을 보면 미국 33%, 선진국 평균 35%이다.

2000~2010년 통계를 보면 미국 일반 성인이 과학능력(Scientifically Literate)에서 유럽과 일본보다 높다. 이 사실은 미국 아이들은 책 공부 외에 어릴 때부터 자동차, 각종 장비에 관한 지식과 그 수리에 취미를 가지고 있다는 점을 시사한다. 이는 미국에 비해 유럽, 일본과 한국은 아이들이 기계와 장비를 보고 만지는 환경이 적고 부모들이

책 공부만 공부의 전부로 알고 있는 탓이기도 하다.


## 초·중등 교육(Elementary and Secondary Education)

고등학교 졸업 때까지(보통 18세) 학교에 다녀야 한다. 경우에 따라 한 학년 먼저 진급(Promote)하는 수도 있고, 14~17세 사이 부모 허락 하에 학교를 그만둘 수도 있다. 약 10% 가량은 사립학교에 가고 약 85%는 공립에 간다. 약 1.7%의 경우는 부모가 집에서 가르친다.

지정 수업일수는 년 180일이다. 2007년 고등학교의 자진중퇴가 620만 명, 남미계는 10명 중 3명이 중퇴한다. 이 남미계의 교육에 대한 무관심은 오랜 세월에 걸친 스페인의 식민지 우민교육 때문이다.

흑인 고등학생, 특히 남학생 중퇴는 전국 평균 50배가 된다. 이 계층도 조상들 습성의 세습화로 정부의 법규로 개선될 문제가 아니다. 1971년 미국 대법원은 흑인과 백인 학생을 섞어서 수업을 받게 하기 위해 사는 지역이 다른 학생들을 버스로 강제 등교시키게 했지만 그 지역에 사는 백인들은 타 구역으로 이사를 가 버렸다. 이로 인해 미국 일부 도심지는 빈민굴(Inner City Slum) 아니면 유령도시화(Ghost Town)되었다. 미국의 유행어 중에 '정부하는 일에 신통한 것 없다'는 말이 있다.

상쾌했던 교육구역도 빈민굴로 변해가고 있다. 그 예로 명문 시카고 대학 근처가 세월이 흐르면서 빈민굴로 변했다는 사실을 들 수 있다. 박진환 교수가 시카고 대학에 갔을 때 캠퍼스 근처 길가에 성한 가로등이 하나 없다는 것이다. 복지 혜택을 받는 술 취한 아저씨들이 다 마신 술병을 가로등에 던지며 행패를 부린다는 것이다. 요즘은 그래도 그 부근이 깨끗해 졌다고 들었다.

1990년 정부는 이 흑백강제혼합법규를 철회했다. 흑인들은 백인이나 동양인보다 체구, 순발력, 음악 등에서 타고난 재능이 있다. 예체능계에 각별한 두각을 나타내 일확천금의 꿈을 이룬 흑인 선배들이 많아 학생들의 희망은 음악, 운동 등 일확천금(Make money quick Business) 직종에 목표를 두고 있어 꾸준한 인내를 필요로 하는 공부에는 큰 관심이 없다. 그래서 이 문제는 정부의 법규나 돈 뿌리는 정책으로 해결될 문제가 아니다. 오히려 미국 정부의 돈 뿌리기 정책의 하나인 사회복지정책이 '공짜 기대심리'을 조장하여 공부를 더 안한다는 결과를 낳고 있다.

미국 초·중·고 학생의 세계 순위는 17위이다. OECD의 전문가들은 미국이 학생의 평준화를 위해 교육의 초점을 우수학생이 아닌 낙후학생 향상에 두었기 때문이라고 본다.

미국 교사는 일주일에 35~46시간 근무하고, 년 1,097시간 수업으로 수업시간이 OECD 국가 중 가장 많다. 2011년 1~12학년 교사 연봉은 55,040달러(약 6천만 원)이다. 단적으로 말하면 미국의 초·중·고 낙후 문제는 선생들의 노력 부족이 아니고 낙후학생 학부모와 학생 자신들의 세습적 교육에 대한 무관심에서 기인한다는 것이다.

그렇다고 해서 이 낙후학생들이 신체와 기능 면에서 재능이 없는 것은 아니다. 오히려 공부벌레 학생보다 체력과 기능 면에서 우수한 점이 많다. 전통적인 공부 방식에 무관심한 학생을 억지로 교실에 가두면 온갖 소란을 부리며 공부하는 학생의 공부까지 방해한다. 이런 학생을 별도로 설립된 예체능이나 기능·직업학교(독일식 실업학교)에 보내 사회가 필요로 하는 운동, 예술, 산업기술·기능, 각종 서비스 등의 분야의 인력으로 육성하면 좋을 것이다. 아동들의 타고난 기능과 취향, 상대우위성을 토대로 한 실업 초·중·고 교육제도를 구상하면 교내 난동과 폭력, 고급인력 실업 문제를 줄이고, 취향과 소질에 맞는 행복한 완전고용 경제를 구축할 교육제도로 전환할 획기적 방안(Approach)이 될 것이라고 생각한다.

다음 표는 2012년 직종별 평균연봉이다.

| 분류 | 연봉(달러) |
| --- | --- |
| 운전사 | 22,440 |
| 사진사 | 29,130 |
| 신문기자 | 36,000 |
| 소방관 | 42,250 |
| 군 하사관 | 45,522 |
| 경찰관 | 55,010 |
| PR 간부 | 57,550 |
| 기업 간부 | 101,250 |

| 군 장성 | 196,300 |
| --- | --- |
| 하원의원장, 대법원장 | 223,500 |
| 부통령 | 231,900 |
| 대통령 | 400,000 |
| 하버드대 교수/행정직 | 60,000-400.000 |

연봉에서 약 40%가 각종 세금, 의료 보험, 퇴직금 등으로 나가고 받는 돈(Take home pay)은 약 60% 정도이다. 장성 국회의원 봉급이라도 대학생 등록금과 생활비(년 30,000~70,000달러)는 큰 부담이며, 일반적으로 학비는 봉급 상승률보다 계속 배가 되니 더 걱정된다.

이런 상황에서 한국 유학생 부모들의 지원과 희생은 세계가 놀라고 감탄할 수밖에 없다. 오바마 대통령도 역시 그에 놀라고 반했다!

지금 한국이 과학기술 면에서 눈에 띄게 발전한 모습을 보여주는 이면에는 한국 노년층이 OECD 국가 중 노후준비가 제일 부족하다는 사실이 있다. 젊은 시절에 무리하면서 가진 돈을 모두 자식 교육에 투자한 뒤에도 분수에 넘치는 성대한 결혼식 비용으로 남은 돈을 다 날린다는 것이다. OECD 통계가 이를 입증한다. 세상일에 다 좋을 수가 있나(Something got to give!)! 노름이나 투기 때문에 부모를 죽이는 사례는 외국에서는 드문 사례로 한국 부모들이 아이를 멋대로 기르는 것이 미국식인 줄 잘못 알고 인성교육을 부족하기 시켰기 때문이다. 인성교육은 부모의 영역으로, 교사가 하는 것은 아니다. 또 학생을 교육시키다가 그 학생의 가족들에게 선생이 집단폭행당하는 것도 외국에는 없는 사건이다. 선생님을 공경하는 예절은 언제 바람과 같이 사라진 것인가!

## 초등교육(Elementary Education)

미국의 초등학교는 유치원 1학년(Kindergarten)에서 5학년 이며 기초 (Basic)교육 과목들을 배운다. 과목은 각 주와 학군에 따라 많은 차가 있다. 보통 한 반에 20~30명 학생이 신체·지능 면에서 다양하게 섞여 있고 주에서 정한 각 과목별 기준 지침에 의하여 수업하게 된다. 교사들은 학·석사 학위 소지자로 초등학교 교사 자격증을 갖고 있다. 주요 기초 과목으로는 영어 읽기, 쓰기, 수학이 있다.

## 중등교육(Secondary Education)

중등교육은 6~9학년 혹은 10~12학년을 말한다. 중·고등학교에서는 선택과목이 있어 과목 선택에 자유를 준다.

**필수과목(Mandatory Subjects):**
- 과학(Science) 3년: Biology, Chemistry, Physics

- 수학(Mathematics) 4년: Algebra, Geometry, Pre-calculus, Statistics, Calculus

- 영어(English) 4년: Literature, Humanities, Composition, Oral Languages

- 사회과학(Social Sciences) 3년: History, Government/ Economics Courses

- 체육(Physical Education) 2년

- 대다수의 주정부는 보건과목을 필수로 한다. 예로 Anatomy, Nutrition, First Aid, Sexuality, Drug Awareness and Birth Control, Anti-Drug Use Program이 있다. 또 일부 학교에서는 외국어를 필수로 하는 경우도 있다.

## 선택과목(Electives Subjects)

- **Computers**(Word Processing, Programming, Graphic Design)

- **Athletics**(American Football. Baseball, Basketball, Tract and Field, Swimming, Tennis, Gymnastics, Cheerleading, boxing, Golf, Mountain Biking, Marching Band, Skiing/Snowboarding, Golf). 학교마다 몇 가지 종목이 있다.

- 기술직업(Career and Technical Education)농업/농과학, 상업/판매, 가정 과학, 병원/간호, 기계/수리, 출판

- **Performing Arts/Visual Arts**

- **외국어**(주로 Spanish, French 등의 기타 외국어)

- **하사관 과정**

## 상급과정(Advanced Courses)

고등학생이 상급과정(대학 수준)을 택하여 받은 성적을 대학 입학 후 그 과목과 성적을 인정하여 대학을 앞서 졸업할 수 있도록 하는 방안이다. 이 과정을 Advanced Placement(AP) 또는 International Baccalaureate(IB)라 한다. 대다수의 대학이 이 성적을 입학허가 심사 고려 대상으로 하고 있다. 고등학생이 2년제 전문대학에서 여름방학 학기(Summer School Term)나 야간에 이수한 성적도 4년제 대학 입학 후 그 대학으로 학점을 옮겨 규정된 4년 전에 조기 졸업할 수도 있다. 미국에서는 대학 간의 성적이나 학점을 교류하는 것을 인정한다.

## 가택수업(Home Schooling)

2007년 150만 명, 2.9%의 전국 아동이 가택수업을 받고 있다. 이는 1999년에 비해 74% 증가한 것이다.

일부 학부모들은 가택수업을 하는 이유에 대해 미국 학교 교내에

서 발생하는 왕따, 폭행, 성범죄, 마약 등의 범죄 우려와 종교 문제
또는 시립학교 교육비가 너무 부담이 된다는 것 등을 든다. 대부분
의 경우 학부모들이 모여 일반 공립이나 사립학교처럼 각자 전문분
야를 담당하여 수업을 진행한다. 말하자면 교육비가 절감되는 교육
'Self-Service'다.

　교사단체는 가택수업을 반대하며 교육질의 저하, 아동의 사회교류
와 과외 활동부족 등을 지적한다. 요즘에는 교육청에서 가택수업의
진행과 성과를 보고받고 관리한다.

◆ 성적 기준

| | |
|---|---|
| A | 90~100 |
| B | 80~89 |
| C | 70~79 |
| D | 60~69(Texas, Virginia에서는 낙제 점수) |
| F, E, I, N, U | Below 60(낙제) |

# 표준시험(Standardized Testing)

빠짐없는 아동교육법(No Child Left Behind Act)에 따라 사립학교를 제
외한 주립학교는 소정 교육목표 달성 여부를 판단할 수 있는 주별
표준시험을 실시한다. 낙후학생들은 별도로 여름학교(Summer School)
나 개별지도를 통하여 보충수업을 받는다.

시골학교가 도시학교보다 표준시험 성적이 높고 탈락학생 수도 낮다. 또 학생 수가 작은 학교가 큰 학교보다 성적이 높다. 일반적으로 시골에는 백인이 많고 노후화된 도심지에는 빈민들이 많다.

대학입시는 희망학교의 입시요강에 따라 보통 11학년이 되면 SAT나 ACT 또는 두 가지 시험 모두에 응시한다. 경쟁률이 높은 대학에서는 SATIIs(짧은 특정과목시험)를 추가한다. 하지만 진학을 하지 않는 학생들과는 아무 관계가 없는 시험들이다.


## 과외활동

미국 학교의 특징 중 하나는 수많은 과외활동이 있다는 것이다. 여기에서 학생 간의 사교, 단결심, 애교심, 애향심, 애국심을 기른다. 나는 다민족 국가인 3억 미국 사람의 애국심은 13억 중국 사람도 못 당한다고 생각한다. 1840년대 아편전쟁 당시 영국이 청나라 사병 봉급의 3배를 준다고 회유하자 일부 중국 청년이 용병으로 가담하여 청나라의 패전을 도왔던 사실이 있다. 물론 그 당시 중국은 다수민족인 한족이 만주계 황제 통치하에 있기 싫었다는 반감도 있지만 미국은 더 많은 민족으로 구성된 나라이다. 2차 대전 당시 일본계 미국 청년들은 조상이 일본 사람(당시 독일계 미국인인 아이젠하워는 유럽연합군 총사령관)이라는 이유로 수용소에 구류되었다가 수용소에서 군에 지원하여 그들이 주축을 이룬 니세이 부대는 유럽 전선에서 큰 공을 세웠다. 이 역시 미국의 학교 과외활동이 한 목 한 탓이다.

또 야구와 미식축구는 학교의 중요한 재원이다. 학생들은 총장 이름은 몰라도 축구 코치 이름은 다 알고 있다. 코치의 봉급도 총장보다 높다.


## 특별교육 학생(Special Need Students)

2009년 학교간호사협회(National Association of School Nurses)의 보고에 의하면 약 20%의 학생이 각종 신경 혹은 정신건강에 문제가 갖고 있다고 한다. 이들을 상담하는 아동특별교실(Special Classes)에서는 증상별로 전문교사들이 담당한다.

공립학교는 법에 따라 이런 특별교육 대상 학생들을 적절히 개별적으로 지도해야 할 의무가 있으므로 이것이 미비한 경우 학부모들이 학교당국에 보고하여 시정을 요청할 수 있다.

지금 인류는 다른 동물들과 달리 나쁜 인자의 자연 도태라는 진화과정에서 벗어나 의학의 발달로 각종 신체 혹은 정신건강문제를 지닌 사람들이 늘어나고 있다. 특별교육과 그 대상자들의 졸업 후 사회부담 문제가 커지는 동시에 인류 전체의 유전자 퇴화로 이어지고 있는 것이다. 최근에는 미국 성인 20%가 각종 신경 및 정신건강

문제를 갖고 있다고 보고되고 있다.


## 공립과 사립학교

연방정부는 교육지침(기준)을 마련하고 지방정부와 주정부가 교육행정과 재정의 책임을 가진다. 국방부는 군과 국방부 직원 자제 교육을 담당한다. 초·중·고(K-12)에서 사립과 공립 선택은 학생 개인의 자유다.

대부분의 공립학교 교육비의 재원은 부동산세(Real Estate Tax)에서 충당하는데 부유층과 빈민구역의 재원 차이는 상당히 커서 이것이 바로 교육의 질 차이로 나타난다. 최근에 나타난 부동산 경기 불황에 따른 주택가격 하락이 교육비 재원고갈로 심지어 일부 학군의 폐교로 이어진다. 이것이 미국 지방자치제의 불균형 현상의 하나로서 한국 유학생들과 학부형들은 초·중·고 선택에 각별히 조심하고 지원 학교의 홈페이지를 자세히 살펴보고 궁금한 점은 학교에 전화하여 문의하며 현지 탐사 등을 통해 'On-Site Scout'해야 할 것이다. 한국 학군 간의 차이는 미국에 비하면 아무것도 아니다. 물론 전학이 쉬우니 뒤에 전학할 수는 있다.

가장 큰 공립학군은 뉴욕이다. 100만 명의 학생, 1,200개의 학교가 있는 뉴욕에는 미국 8개 주의 평균 학생 수보다 많아 이곳에서

쓰는 교재와 교칙 등이 미국 전 학군의 표준이 되고 있다.

공립학교 입학은 주 주민의 가옥세로 유지를 하기 때문에 주 공립학교는 주에 거주하는 사람에 한해 입학을 허가하고 있지만 일부 도시학교(Magnet School)에서는 비거주자 입학도 약간 허용한다. 또 이들 학교는 우등생, 과학과 연기 특기생에게 특혜를 준다.

사립학교는 교회(Parochial), 비영리(Non-Profit), 영리(For-Profit) 학교로 구분된다. 수업료는 지역(위치), 외부 재원에 따라 차이가 크다.

2007년에 5,072,451명의 학생이 33,740개의 사립 초·중·고에 입학했고 그중 74.5%는 백인, 9.7%는 흑인, 9.6%는 남미계, 5.4%는 동양계(인구비 4.5%), 0.6%는 원주민이다. 학교별 평균 학생 수는 150.3명, 교사 한 명당 11.6명이다.

사립학교는 다양한 교육목표를 가진 학교로 분리되어 있다. 대입 준비생, 특기생, 낙후학생, 장애학생, 소규모 특별 지도교육 등이 그것이다.

사립학교는 공립학교와 달리 품행문제로 퇴학을 임의로 시킬 수 있다. 나는 한국 중학생들의 법적 보호자(Legal Guardian, 미국 학교에서는 부모가 아니면 법적 보호자 없이는 받아주지 않는다) 역할을 한 적이 있었는데 그중 한 학생이 자주 학우와 다툰다(다투는 것도 성장과정의 일부며 공부다!)는 이유로 데려가라는 연락이 왔다. 그래서 다시는 그러지 않겠다는 약속을 하고 모면했다. 그 학생은 지금 수의사로 미국에서 활약하고 있다. 아이들은 수십 번 변하고 변하는데 미국 학교에서도 이것을 잘 알고 문제가 있어도 한두 번은 용납(Forgive)한다. 미국 학교, 사회, 정부는 한국보다 오히려 더 유연한(Flexible) 부분이 있다.

한국은 그놈의 규제(Rules) 때문에 여유가 없는 사회다(Korea-a country not managed, but ruled by rigid regulations). 법치국가도 좋지만 무조건 법이 다 통치하고 경영한다고 생각해보자. 통치자, 총장, 사장, 과장 같은 능력 있는 경영자(Managers)는 필요 없고 규칙요람만 읽을 줄 알면 교육, 기업, 정부 Managers 자격이 있다는 것인가?

이런 규제경영법(Management by the Rule Book)은 150년 전 일본의 메이지정부와 대학에서 시행하여 각종 비리를 막는 효과를 거두었다. 하지만 일본 정부와 대학은 세상 흐름에 뒤떨어져 있어 시바 선생은 '일본의 대학교수는 시대착오적이다'라고 한탄하고 있다. 일본 관료(군인)들의 청렴은 우리가 배울 점이다. 초대 한국통감을 지내고 안중근 열사에게 사살당한 악명 높은 이토 히로부미의 장례 때 장례비용이 없어 메이지천황이 장례비를 대신 주었다는 일화가 있다. 또한 일본 해군 총사령관 야마모도 이소로구 대장은 태평양 출전을 앞두고 집에 작별 인사를 갔을 때 집에 음식이 없어서 길가에서 파는 가케우동으로 때웠다고 한다. 이러한 몇몇 여담은 일본 사람들의 검소한 생활상을 보여주는 것이다. 메이지유신으로 일본 왕실이 교토에서 동경으로 이사를 해야 하는데 이사비용이 없어 가지 못하고 있는 것을 일본의 거상(巨商)들이 돈을 마련해 주면서 일본 재계와 정부의 밀착 관계가 생겼다는 일화도 있다.

이는 우리의 표본인 일본식 Management by the rule book의 결과와는 완전히 딴판이다. 6·25 동란 때 5명의 국방 방위대 장군이 신병의 군량미를 사야할 돈을 술값에 써버리고 약 5만 명의 훈련병을 굶겨 죽여 대구 팔공산 앞에서 총살형을 받았다. 최근 전직 대통령들의 비자금 문제를 보면 절로 한숨이 나온다. 선비 출신인 조선시대 관료들은 그래도 유교정신으로 청빈(淸貧)의 길을 택했다. 물론 탐관오리(貪官汚吏)가 있었지만 거듭하는 정변으로 다들 오래 가지는 못했다. 그 결과 한국은 왕실과 양반층에도 큰돈이 없어 19세기 자본주의 시대에 맞춰 공업화할 자본이 없었다. 그래도 유럽과 일본은 거상들이 있어 빨리 공업화한 것이다. 한국의 공업화 자본은 정부가 마련한 끌어 모은 외자로부터 시작했고 유럽과 일본 같은 자국 거상들의 돈이 아니었다.

어린 시절 나는 대구에 있는 몰락양반골목에 살았다. 몇 집 떨어져 삼성 창업주인 이병철씨가 살았고 조금 더 떨어진 달성공원 복개천 위에서 국수 공장을 했다. 당시 몰락양반들은 돈이 없었다. 그래도 그때는 국수도가, 술도가, 포목상 집 아이들이 부자 아이로 보였고 이웃친구였던 이맹희씨는 골목대장으로 미군 C-Ration 과자도 나누어 주어 인기가 많았다. 세월이 흘러 이 대구 골목부자가 지금은 세계 부자가 되었다.

# 대학과 종합대학(College and University)

미국에는 4,495개의 2년제 대학과 4년제 종합대학이 있다. 2008년 36% 학생이 4년 만에, 57% 학생이 6년 만에 입학한 대학을 졸업했다. 대학졸업 비율은 선진국 중 10위다.

일반적으로 사립(Private), 특히 인문계 대학이 주립(Public)대학보다 명성이 높다. 또 인문계는 명문대 출신이 아니면 취직이 어렵다. 이 공계는 2년제 대학졸업생의 봉급이 명문 인문계 대학졸업생보다 높은 경우가 많다. 동양계는 텃세로 인문계 취직이 더 어렵다.

입학기준은 고등학교 성적(GPA), 성적순위(Class Ranking), SAT/ACT 성적이다. 그 외 과외활동, 논술(Personal Essay) 그리고 면접이 있다. 대학마다 입학기준은 있지만 일반에 공개 않는다.

학과에 따라 전공 외 부전공 또는 복수 전공도 허용한다. 보통 학사학위는 4년이지만 학점만 충족하면 4년을 채우지 않아도 학위를 받을 수 있다. 또 사정에 따라 6년 만에 수료하기도 한다. 건축전문전공(Professional Architecture Program)은 5년 수료다.

직업학위(Professional Degree)인 법대, 의대, 약대, 치대는 대학원으로 간주하여 전공에 따라 적어도 3년에서 4년은 학부에서 공부해야 한다. 의대, 약대, 치대는 규정된 선수과목을 수료해야 한다.

미국의 2년제 대학(Community College)은 한국의 사립 2년제 전문대학의 개념이 아닌 4년제 주립대학의 분교나 주 교육부 관할 교육기관이다. 더 공부할 학생은 4년제 3학년으로 진학절차 없이 자동 입학할 수도 있는데 입학절차를 요구하는 대학도 있어 사전에 알아봐야 한다. 4년제 대학에 갈 학생들도 2년제 대학의 입학조건이 4년제보다 쉽고 분야별 전공도 더 세분화되어 있으며 등록금도 적어 이 길을 택하기도 한다. 한국 유학생들에게도 이 길을 택하는 것을 권장하고 싶다. 취직할 때 미국 고용주는 한국과 달라 최종학벌과 최종전공만 따진다. 내가 미국에서 직장을 구할 때 고용주가 단 한 번도 한국에서는 어느 학교에서 무엇을 했는지 내 '족보'를 물어보지 않아서 오히려 실망했다. 2년제 대학은 준학사(Associate Degree)를 수여한다.


## 대학원

일반적으로 대학원은 학사과정 후 이어 석사과정에 입학하지만 경영학의 경우는 몇 년의 직장경험을 요구한다. 약 9%의 학부 졸업자가 대학원 과정을 마친다.

나의 경우 한국 학부는 농예화학(Agricultural Chemistry)으로 미국에서 농업경제(Agricultural Economics)로 전과하여 대학원 과정에 조건부로 입학했는데 대학원 규정에 따라 평균 B 학점 이상이 아니면 퇴학이 된다. 내 고향 대구의 동네 이웃이며 소학동기생인 구본호(전

KDI 원장, 울산대 총장) 박사도 미네소타 대학에 같이 있었는데 그도 서울대 영문학과였는데 미국에 와서 경제과로 전과했고 앞서 나온 노벨 경제학상 수상자인 MIT의 새뮤얼슨 교수도 영문학에서 경제학으로 전과하여 종전의 어려운 경제이론을 쉬운 영어로 써서 세계 경제학도들의 사랑을 받았다. 이런 점에서 복수전공(Double Majors)도 효과(Merits)가 있다. 하지만 복수전공을 선택하여 학부의 기초지식 없이 대학원 과목에서 평균 B 학점을 받는 것은 어려운 도전(Challenge)이다.

사립대학은 주정부에서 재정을 지원받는 주립대학보다 등록금이 배가 넘게 비싸다. 재정이 주 거주자의 세금에서 나오는 것이기 때문에 주정부는 주외 거주자 및 외국인 학생에게는 높은 등록금을 받는데 그래도 사립대학보다 낮다.

2009년 기준 주립대학의 거주자 평균 등록금은 연간 7,020달러로 주외 학생들도 보통 일 년 뒤 주 거주자로 인정받을 수 있다. 학교별로 차이가 크니 개별 대학 홈페이지에서 최근의 상황을 살펴보면 된다. 사립대학 등록금은 15,000~50,000달러 정도이다

◆ 2010년 학생 일인당 연간소비비용

| 분류 | 비용(달러) |
| --- | --- |
| 주립대학(4년제) | 27,967 |
| 사립대학(4년제) | 40,476 |

최근 주정부의 재정난으로 대학지원이 축소되고 있어 대학등록금과 공납금은 1982~2007년 동안 실 가호소득 상승률보다 3배 상승했다. 미국 물가지수 중 가장 빨리 상승하는 것은 의료비와 교육비로 알려져 있다.

2010년 대학졸업자 저금리 특혜융자 일인당 평균부채는 23,200달러이다. 하지만 이 특혜융자는 외국인 학생은 해당이 안 된다. 2013년에 이 특혜융자 미납총액이 연간 1조 달러로 미국 총생산의 1/15(한국 GDP에 해당)에 달해 수혜학생들이 이 기존 부채로 은행에서 집 구매융자를 받지 못해 미국의 부동산 경기를 더 악화시키고 있다. 또 일부 수혜자들은 정부의 선의(善意)를 떼먹기도 해 미국 정부의 재정을 바닥나게 하고 있다. 미국판 '선을 악으로 갚는다'는 사례가 아닐 수 없다. 그래서 정부 복지제도를 악용하는 것은 교육을 받지 못한 사회 하급층만이 아니라는 것이다. 오히려 고소득/고학력층의 악행 규모는 더 크고 교묘하다.

대학에서는 교육비를 줄이기 위해 시간강사를 채용하고 있다. 3학점짜리 강의를 운영하려면 한 학기당 시간강사는 1,800달러, 전임강사는 8,000달러의 비용이 발생한다. 미국 대학수업 2/3를 시간강사가 맡고 있다. 또 학생들의 교수평가제 때문에 시간강사들이 점수를 높게 주게 하는 경향(Grade Inflation)이 있다는 소문도 있다.

## 명성 높은 미국 대학

세계 대학 순위 중 미국 대학들이 두각을 나타내고 있다.《타임》의 발표를 보면 세계 상위 대학 50개 중 27개가 미국 대학이다. 또 상위 200개 대학 중 미국이 72개, 영국이 29개를 차지한다. 2009년 ARWU 세계 20개 상위 대학에는 미국 아이비리그의 8개 대학 중 6개가 순위에 올랐다. 캘리포니아대, 스탠퍼드대, 시카고대, 존스홉킨스대, 워싱턴대, 위스콘신대, MIT, 캘리포니아 공과대 등이 우수한 대학으로 꼽히고 그 외에도 많은 이공계, 의학계 주립대학들도 세계 일류대학들이다.

미국 중앙정부 직속의 국립대학은 육·공·해군 사관학교이다. 이곳들은 입학원서를 쓸 때 학생들이 사는 주의 국회의원 추천서가 필요한 국비대학으로 경쟁률이 높다.

2년제 대학(Community College)은 직업대학으로 주에 거주하고 있는 희망학생을 다 받아 준다. 요즘 세계적인 불황 탓에 발생하는 실업자 홍수 중에도 산업기술자는 부족하다고 한다. 오바마 대통령도 2년제 대학을 지원·강화하겠다는 생각을 갖고 있다. 한국 학생들도 기술과목을 배워 취직하여 거기서 경험을 쌓고 밑천을 마련하여 사업을 한다면 훌륭한 인생을 살 수 있다. 학업을 몇 년 뒤에도 계속할 수도 있다. 미국은 한국과 달리 연령차별을 법적으로 금지하고 있어 정부 공무원과 많은 일반직장도 종전의 퇴임 연령(65세)을 폐지

했다. 또 이력서에도 나이와 사진도 첨부하지 않는다.

미국 대학의 우위성은 대학건물이 아니고 세계 각국에서 모인 우수한 교수진과 노벨 수상자의 집합소라는 데 있다. 그들이 미국에 오는 이유는 최고의 연구시설과 연구주제의 자유, 기업과 정부의 연구비 지원이 있기 때문이다. 이 전통이 계속하는 한 미국 대학과 국가는 세계 최고로 남을 것이다.


## 낙후되는 미국 초·중·고

OECD의 Program for International Student Assessment를 보면 2003년 미국 15세 학생들의 수리 성적은 38개국 중 24위, 과학은 19위, 읽기는 12위, 문제 풀기는 26위였다. 2006년에는 57개국 중 수리는 35위, 과학은 29위다. 이렇듯 미국 아동들의 교육성취도를 등수로 표시하면 선진국 아동들 중 끝자리에 있다. 하지만 미국 아동들에게 소요되는 경비는 세계 최고 액수인 일인당 연간 11,000달러로 국가의 지원이 많으면 많을수록 공부는 더 못하는 기이한 모습을 보이고 있다.

2007년《위싱턴 포스트》는 연간 한 명의 워싱턴 학생에게 지원되는 금액은 12,979달러로 미국 내 큰 학군 100개 중 세 번째로 높지만 성적은 미국 평균 이하라고 말했다. 워싱턴 학군의 교비지출 내용을 보면 일선 교사봉급은 100개 학군 중 100위, 행정직 봉급은 1위라는 모순이 있다. 읽기와 수리에서 워싱턴 학군은 미국의 큰 11학군 중 꼴찌다. 미국 내의 타 빈민학군 아동들의 수리 성적을 비교하면 33%의 4학년 아동이 수리에 낙제점을 받았는데 워싱턴 학군은 62%가 낙제 아동들이다. 이런 기이한 현상을 바로잡기 위해 워싱턴 전 시장이 하버드대 출신인 한국계 미셸 리(Michelle Rhee)를 시교육감으로 임명하여 개혁을 시도했지만 성과를 거두지 못했다. 이런 현상은 워싱턴 학군에만 국한된 일이 아니고 미국 전역에서 나타나고 있다.

OECD 조사를 보면 15세 아동 수리 성적에서 한국이 1위, 일본 2위, 덴마크 3위, 미국이 14위다. 오바마 대통령이 한국을 본받으라고 한 것도 이러한 통계보도에서 나온 것이다.

미국 대통령은 미국 초·중·고의 문제는 돈이 아니고 학생과 학부모의 교육열이라는 것을 아는 것 같지만 미국 교육행정관들은 문제의 해법은 돈이라 한다. 이는 정부의 '꽁돈'을 온갖 로비로 많이 받아내서 일선 교사들은 쥐꼬리만큼 주고 남는 돈은 공식적으로 자기들 판공비와 봉급으로 쓰겠다는 속셈으로 볼 수밖에 없다. 미국 지방자치구의 일부 정치인과 의원들의 부패상은 제3국 정치인과 국회의원들 행세를 방불케 한다.

다민족 사회인 미국에서 민족적 특성으로 공부에 소홀한 흑인과 남미계를 통계수치에서 제외하면 미국의 백인과 아시아계 아동들은 아직 세계 우등생들이다.

학자만 있어도 큰 문제다. 각 분야에 필요한 일꾼도 있어야 원만한 사회가 된다. 하지만 사회복지제도가 시행된 뒤에는 일 하는 것보다 정부에서 지원하는 '꽁돈'으로 먹고 살 수 있다는 생각 때문에 저소득층은 일할 필요성을 못 느끼고 아이들 공부도 시키지 않는다. 이 공백을 불법 이민자들이 모두 맡고 있어 미국 정부는 법이 있지만 이런 범법자를 보고도 묵인하고 있는 것이 공공연한 현실이다.

결론적으로 미국 초·중·고 낙후의 원흉은 미국의 복지정책 실패의 부산물로 볼 수 있다.

# IV. 서구식 음식문화는 인류와 지구를 망친다

# IV.

## 농경이 탄생시킨 인류문화, 전쟁과 국가

근대 제국을 건설했던 나폴레옹(Napoleon)은 '군은 먹어야 행진한다 (An army marches on the stomach)!'고 말했다. 이 같은 국가통치 요소 는 이미 2,500년 전 공자도 말했다. 한 제자가 국가 통치 요소를 공 자에게 물었다. 공자는 '병(兵), 식(食), 신(信)이다'라고 말했다. 병이 있 어도 식이 없으면 안 되고, 병과 식이 있어도 국민의 믿음이 없다면 나라가 망한다는 것이다.

이처럼 제국의 탄생은 전쟁부터 시작했고 군량미 없이는 전투를 하지 못했으며 군량 조달은 농경시대부터 가능했다.

농경의 시작은 약 1만 3천 년 전으로 추정할 수 있다. 농경시대 이 전 인류는 약 100만 명으로 추정되는데 농경시대가 열리며 현재 인 구 수 70억 명이 가능해졌고 식량생산이 지속적으로 충분하다면 2050년에는 100억 명으로 증가한다는 예상이 나오고 있다. 2만 년 전부터 빙하가 서서히 풀려 농경생활을 가능하게 한 것이다. 그 전에는 타 동물과 같은 방법으로 식량을 조달했다. 물, 소금, 어패류, 야생 잡곡과 수렵 동물들을 이용해 식량을 보급하는 것이다.

당시 그날 먹거리 수집에 급급한 우리 조상은 가족분쟁 외에는 집단으로 큰 전쟁을 치를 여유가 없었다. 장기간의 전쟁을 위해서는 비축군량이 있어야 한다. 육류는 그 당시 장기비축과 수송에 한계가 있었으므로 군량으로는 부적합했다.

그래서 농경생활이 시작되어 충분한 물량과 장기 곡물비축이 가능하게 된 후에야 국가가 형성되었다. 당시 곡물 농사로 군량용 잉여 농산물까지 생산할 수 있는 지역은 온대(Mild Climate Zone)로 농경이 가능한 곳, 농경에 필요한 용수와 농경에 요하는 인력·자재·농산물을 수송할 수 있는 수로(Water Ways) 혹은 육로가 있는 곳, 당시 목재 농기구(Wooden Tools)로 경작하기 쉬운 강변이었다. 그래서 고대 국가 형성은 항상 강과 바다 수로를 끼고 이루어진다. 한대는 농경이 안 되고, 열대는 농경은 된다 해도 온도와 습기, 곤충 등의 문제로 곡물 장기 저장이 불가능했기 때문이다.

그래서 인류 고대문명의 발생지는 농경의 발달로 잉여 농산물을 비축하여 장기적인 전쟁을 할 수 있는 곳들이다. 기원전 중동, 이집트, 로마, 인도, 중국 등이 그 예이다. 몽골은 전투에 육포와 잘게 다진 고기(햄버거의 원조)를 가지고 다녔는데 이것이 서양으로 전파되어 햄버거가 되었다. 하지만 고기 군량은 대군을 동원하기에는 한계가 있었으므로 몽골은 남쪽에 있는 중국을 침략하기 시작했다. 중국이 그들의 군량 보급 역할을 한 것이다. 유목민인 몽골은 항상 중국의 곡식을 탐냈고 그러한 타 민족의 침략을 막기 위해 중국은 진시황 때부터 만리장성 축성 작업을 시작했지만 결과적으로 큰 방어 효과는 없었다.

16세기 이후 서구 음식을 먹는 세계 인구의 16%를 차지하는 서구인들이 항해술과 과학기술로 세계 인구의 84%를 차지하는 유색인종 위에 군림했다(Lorded Over). 물론 그 당시 서구 음식은 지금의 음식과는 크게 다르지만 당시도 우리의 물 요리법에 비해 서구는 기름 요리법으로 열량 섭취가 많아 몸이 비대했다. 특히 북유럽은 기후와 토질 문제로 작물농업보다 축산업에 집중해서 많은 육류와 동물성 기름을 먹게 되면서 열량 섭취가 많아 비만인 사람이 더 많다.

20세기에는 패스트푸드라는 기름·설탕·고기, 삼중탕(三重湯)의 새로운 서구 음식문화가 주를 이루고 있다. 미국의 의학·영양학계는 이 새 미국식 음식문화가 비만과 서구병(西歐病, Western Diseases, 성인병)을 유발한다고 지적하고 그 해법으로 전통 아시아 음식을 추천하고 있다.


## 세계 음식문화의 변화

16세기 후의 세계 식생활은 항해술의 발전으로 세계 각 지방, 특히 미국 대륙에서 수입된 농산물로 지각변동이 있었다. 그래서 설탕, 향신료(주로 인도산), 옥수수, 감자, 고구마, 고추, 토마토, 각종 콩(대두 원산지는 남만주-옛 고구려), 다양한 과일과 채소류 등이 현대 서구 식문화의 주재료가 되었다.

우리가 아는 각종 서구 케이크, 프렌치프라이, 피자 등의 요리는 비교적 최근 개발된 음식이다. 우리가 주로 사용하는 음식 재료인 고추, 감자, 옥수수는 남미가 원산지이다. 고추는 콜럼버스의 남미 대륙 침범 뒤 스페인, 아랍, 인도, 중국, 일본을 거쳐 임진왜란 때 일본이 고추를 방어(공격) 무기로 들여왔다는 설이 있다. 우리가 아는 만두는 중국을 거쳐 들어온 터키 쪽의 음식이다. 일본의 덴뿌라도 포르투갈에서 들어온 것으로 16세기에 조총과 함께 일본에 전파된 것인데 고령의 도쿠가와 이에야스가 그것을 먹고 소화장애로 곧 죽었다는 일화가 있다.

음식 저장과 보관법은 동서양 공통이다. 요점은 음식을 부패하게 하는 각종 미생물을 제거하거나 번식을 차단하는 것이다. 건조(육포, 건어, 건과 등), 소금 또는 설탕 저장(김치, 사워크라우트), 발효 처리(장류, 주류), 훈제(나무 연기로 미생물을 억제해 육류를 저장함), 냉동(온도로 미생물 억제), 진공 저장(통조림이나 진공 포장으로 미생물 번식과 산패 억제) 등의 방법이 있고 방사선 처리(Radiation)는 각종 부작용 우려로 아직 상업화되지 않고 있다.

소금은 인류가 사용한 가장 오래된 방부제로 한국 음식(김치, 각종 대두 발효 음식)의 주방부제다. 하지만 과다한 소금 섭취는 건강을 크게 해친다(고혈압, 심장 기타 기능 장해). 일부 한국에 있는 지식층 외국인들은 한식을 좋아는 하지만 과다한 소금 때문에 피한다는 이야기도 있다. 한식을 세계화하려면 먼저 소금함량을 지금의 반 이하로 줄이는 것이 필수 요건이다. 한국 식약청이 TV를 통해 계속 어떤 한국 음식은 적정량의 9배의 소금을 사용하고 있다고 경고하지만 이런 짠 음식에 길들여진 주부들은 '소금으로 맛을 내야 한다', '우리 어머니와 할머니 솜씨가 세계 제일이다' 하며 귀담아 듣지를 않는다.

일본의 전통 발효음식인 미소와 쓰게모노는 한국의 발효음식보다 냄새가 적다. 물론 모든 발효물질은 고유의 냄새가 있고 동물의 배설물도 발효물의 하나로 볼 수 있다. 서구의 치즈도 우유 발효물이다. 지독한 냄새의 치즈(Stinky cheese)는 코를 찌르는 독한 냄새로 유명하고 그 유명세 때문에 비싸게 팔린다. 김치는 『세계 음식역사 기록표』에 실린 유일한 동양 음식이으로 소금 함량을 줄여 고유의 냄새를 가진 김치와 냄새를 줄인 김치를 분리·생산하고 저장성을 높이면 충분히 세계화할 수 있는 좋은 식품이다.

육류는 곧 상하지만 곡류, 과일, 채소류와 그 종자는 계속 숨 쉬고 있는 생물이다. 그래서 산소 공급을 차단하거나 냉동하면 몇 천 년까지도 보존이 가능하다. 지금 북극에는 세계 종자 냉동 보존창고가 있는데 이는 조물주가 만든 귀한 유전자를 수천 년이 지나도 보존할 수 있도록 하는 것이다.

과일과 채소는 자체적으로 숨을 쉬면서 자체 영양분을 소모하고 있어 오래되면 섬유질만 남아 종이 맛이 난다. 그래서 산소가 없는 질소 냉장고에 모서 두면 신선도를 오래 유지할 수 있다.

세계 각국의 음식을 보다 보면 우리 전통 한식과 꼭 같은 음식들이 있다. 그 예로 수제비(Dumpling), 만두(Meat Dumpling: 원산지는 터키족 음식으로 중국을 경유 한국 일본에 전파), 칼국수(Home Made Noodle), 육포(Beef Jerky)를 들 수 있다.

55년 전 내가 미국에 갔을 때는 미국에도 마을 김장 행사가 있었다. 각 가정에서 만들던 미국(독일)식 김치(Sauerkraut)가 그것인데 먼저 양배추(Green Cabbage)를 가늘게 썰고 이것을 소금에 절여 큰 항아리에 담아 차가운 곳에서 발효시킨다. 우리네 김치 담기와 비슷한 풍경이다. 또 오이를 초와 설탕에 담아 오이김치를 만들어 먹거나 복숭아는 설탕에 절여 보통 다음해 가을까지 먹는다.

최근에 와서는 미국의 동네 김장 행사 전통도 손쉬운 가게 음식(Store Food)에 밀려 사라지는 옛 풍습이 되어 가고 있다. 하지만 아직 많은 상류가정에서는 빵과 과자류는 집에서 직접 만든다. 그 이유는 아무리 잘 만든 가게 빵(Bakery Bread)도 몇 시간 지나면 맛이 떨어진 식은 밥 같이 식은 빵이 되기 때문이다. 서구 음식 중에서 빵 만들기가 제일 까다롭기 때문에 요리솜씨를 자랑할 수 있어서 뽐내기용이 되기도 한다. 우리가 '누구네 집 김치 맛이 제일이다' 하는 식이다.

우리의 김치와 비슷한 사촌 음식인 독일의 사워크라우트(Sauerkraut)는 2천 년 전 진시황의 만리장성 축성 때 겨울에 일꾼들이 먹던 소금에 절인 배추(비타민 C 함유)가 동쪽으로 가서 한국의 김치가 되었고 몽골로 가서 몽골군이 독일에 전파하면서 만들어진 것이라는 설이 있다.

고추, 각종 양념으로 가미된 우리 김치와 김치찌개는 우리의 전통 음식이다. 미국에서도 역시 유산 발효음식인 Sauerkraut에 돼지고기를 넣어 미국식 김치찌개를 만든다.

독일 사워크라우트는 16세기 서구의 식민지 탐사(아프리카, 인도, 남태평양, 호주)에 큰 역할을 했다. 당시 알려지지 않은 대륙을 찾아 바다로 나가는 탐험대와 해적들의 필수식품은 장기간 저장할 수 있는 음식과 채소류였다. 그래서 이들은 서구 김치에 돼지고기를 볶아 넣었다. 이것이 바로 서구식 김치찌개다. 사워크라우트의 초(酢)가 방부제 역할을 하고 양배추는 비타민 C 공급 역할을 하여 이 방대한 대륙들을 손에 넣는 데 꼭 필요했다는 것이다.

술도 발효음식의 하나로 곡물 혹은 과일의 전분과 당분이 발효과정에서 생산된 당분과 알코올, 유기산 성분 등이 자체 방부제 역할을 한다. 김치 역시 숙성 과정 중에 생산된 유기산이 방부제 역할을 한다.

미국 식문화의 급속한 변화는 2차 대전부터 시작했다. 전시 공장 인력 부족으로 여성이 사회활동을 본격적으로 시작하면서 집안요리를 대신할 가공식품과 이를 살 수 있는 슈퍼마켓이 생겼다. 또 각종 간편 식품(Fast Food)이 등장하며 식기 없이 먹을 수 있고 길에서, 자동차 안에서, 사무실에서 먹을 수 있는 손으로 먹는 음식(Finger Food)이 탄생했다.

이렇게 튀김음식(Fried Food)의 대중화 시대가 왔다. 기름은 물보다 배가 되는 고온으로 음식에 있는 수분을 빨리 증발시켜 요리 시간을 단축하고, 고온 처리로 더 맛있으며, 수분이 없고 바삭바삭하니 손가락으로 먹을 수도 있고, 고온, 저수분, 기름 피막이 음식을 상하게 하는 각종 미생물에 대한 방패 역할을 한다. 물로 한 요리는 상온에서 몇 시간 만에 변질되지만 튀김음식은 더 오래 두고 먹을 수 있다. 그중에서도 가장 큰 장점은 기름요리는 즉석(Fast) 요리라는 것이다. 앉아서 장시간 밥이 오기를 기다릴 필요가 없다. 이 같은 복합적 장점(Multiple Benefits)은 기름으로 만든 요리를 21세기 식문화의 '구세주'이자 '산타클로스'로 만들었다.

## 서구 음식은 비만과 서구병(성인병)의 동반자

하지만 문제는 바로 이 현대 음식문화의 산타클로스가 그 선물 보따리에 각종 병을 넣어 가져 온다는 것이다. 미국식 약 주고 병 주고!

문제는 이 산타클로스 음식은 먹는 사람 모습까지 산타클로스로 만들고 말기 때문에 큰일이라는 것이다. 동시에 그에 따라오는 서구병으로 곧 진짜 산타클로스가 있는 북극(North Pole)의 천당으로 갈 수도 있다는 것이다. 비만이 주는 병을 서구에서는 서구 음식과 관련되었다고 해서 서구병(성인병)이라 한다. 각종 서구병은 종합병원 진료과목만큼 많아 여기서는 따로 언급하지 않겠다.

세계의 부강국 미국이 최근 당면한 개인, 사회, 국가와 의학계의 골치는 비만이 동반하는 난치의 서구병들이다.

'잘 먹고 잘 살아'라는 말은 우리 모두의 소망이다. 하지만 미국 사람들이 우리보다 '너무' 잘 먹다 보니 이런 모양새가 아닌가? 하지만 우리 역시 미국의 '산타클로스 뚱뚱이'가 신기하다고 웃고 지낼 남의 일로 생각해서는 안 된다는 것이다. 인류가 급속하게 '미국형 산타클로스 뚱뚱이'가 되고 있기 때문이다.

2010년 OECD 국가는 50%가 비대(Overweight), 17%가 비만(비만 Obese: 체지방 30% 이상)이고 한국을 합쳐 OECD 국가 모두 비만인구가 향후 10년 동안 계속 년 1%식 상승할 것이라고 한다.

그중 가장 우려되는 나라는 세계 최고의 부강국인 미국 사람들이다. 미국은 평균 비만 34%, 비대 68%, 아동비만(비대) 30%이다. 다음이 멕시코로 평균 비만 30%, 비대 70%이다. 가장 낮은 나라 1위는 일본으로 비만 3%, 비대 24%이고 2위인 한국은 비만 4%, 비대 31%이다. 여기서 우리가 알 수 있는 것은 잘 먹는다는 것과 잘 산다는 것은 결코 같지 않다는 것이다. 오히려 그 반대다. 초가삼간에서 나물 먹고 물마시며 행복하게 산다는 우리 노래가 바로 세계 인류 식문화와 건강의 비결이 아닌가(Vegetables over Meats)!

그래서 지금의 서양식 즉석 음식(Fast Food) 문화가 빠르게 세계화(Fast Globalization)한다면 곧 비만(비대)과 그에 동반되는 질병이 세계 인류를 빠르게 멸망하게(Fast Destruction) 될 것이다. 지금 미국에서는 아동비만 방지책으로 자동판매기에 Large Size Soda Bottle 금지령을 내렸다. 하지만 미국도 우리나라 식약청의 소금 경고 광고와 같이 허공에 소리치는 모양새다. 문제는 오랜 습관이다. 습관은 중독된 것과 마찬가지다.

미국 음식문화를 쉽게 말하면 당·육·유(糖肉油)의 범벅이다. 문제는 이 삼중탕이 빠르게 퍼져 세계의 '유행탕'이 되고 있다는 것이다. 한국 정부와 보도진은 미국 소고기 광우병 공포로 나라가 뒤집힐 정도로 신경을 쓴다. 오히려 미국에서는 광우병 고기를 먹고 죽은 미국 사람은 한 명도 들어보거나 본 적이 없다. 하지만 멀쩡한 고기를 너무 먹어 대서 비만과 동반된 질병으로 미국과 한국을 비롯한 수만 명의 인류가 매달 사망한다는 사실은 한국 정부와 보도진의 관심 밖이다. 한국의 TV 광고는 한우는 다른 나라 소와 다르니 많이 먹으라고 권장한다. 문제는 '양'이다. 우리는 전통적으로 고기를 양념(Flavor)으로 했고, 서구 양반들은 고기를 주식으로 마구 먹어서 문제가 아닌가? 사실 한국의 소고기 값은 세계에서 가장 비싸다. 그래서 미국의 뚱뚱이 아줌마나 아저씨처럼 마음 놓고 소고기를 먹을 수도 없다.

◆ 국가별 일인당 영양분 공급량(Gm)

| 국가 | 칼로리 | 총 지방 | 유지류 | 육류 | 어류 | 설탕 | 곡류 | 장수년 | 순위 |
|---|---|---|---|---|---|---|---|---|---|
|  | 2007 | 2003 | 2005 | 2005 | 2005 | 2005 | 2005 | 2010 | 2010 |
| 한국 | 3070 | 82.3 | 44.7 | 96 | 141 | 343 | 596 | 78.6 | 34 |
| 일본 | 2810 | 84.4 | 434 | 95 | 177 | 327 | 476 | 82.7 | 1 |
| 중국 | 2970 | 95.9 | 36.2 | 166 | 49 | 213 | 520 | 73.0 | 80 |
| 미국 | 3770 | 153.7 | 81.5 | 257 | 64 | 476 | 486 | 78.2 | 38 |

자료: UN FAO

미국 음식문화의 특징은 주로 당·유·육의 음식이란 것이 위의 조사에서 나타나고 이것이 그들의 비만증과 직결되며 일본이나 한국 사람보다 일찍 사망한다는 결과가 나타난다.

최장수국인 일본은 어류 소비가 미국의 배 이상이고 일본 내에서도 어류를 더 많이 먹는 오키나와가 일본 1위의 장수지역이고 한국에서도 제주도가 한국 1위의 장수지역이다.

# 서구 음식문화는 지구도 망친다

사료곡물로 가축을 사육해서 육류로 바꾸려면 몇 배의 곡물을 생산해야 한다. 따라서 지금보다 몇 배의 농지가 있어야 하고 더 많은 메탄가스와 이산화탄소가 발생하면서 대기가 오염되고 많은 동물의 분뇨는 심각한 수질 오염을 유발한다.

◆ 고기 환산율(kg)

| 구분 | 고기(kg) |
| --- | --- |
| 소와 염소 | 약 8 |
| 돼지 | 3.5 |
| 조류(닭) | 3 |
| 어류 | 1.2 ~ 1.8 |

## 대기오염

가축들의 배출하는 대기오염물질은 전 세계의 자동차, 항공기, 선박 등 모든 운송장비에서 배출되는 이산화탄소보다 18% 더 많고 수질과 토질을 변하게 하며 산성비를 내리게 만든다. 이러한 위험에 대한 시급한 대책이 필요하다고 UN의 FAO(유엔식량기구) 축산국장은 말한다.

축산업은 지구의 30%의 면적을 차지하고 있으며 현재 33%의 농지를 사료용으로 전환하고 있다. 70%의 아마존 삼림을 벌목하여 가축용으로 전환하고 있는 형편이다. 나무 한 그루는 연간 약 20~30kg의 이산화탄소를 산소로 전환하는데 인류를 포함한 동물들이 배출하는 이산화탄소를 산소로 전환하는 나무가 있어야 균형 있는 지구 생태계를 유지할 수 있다.

## 농지 사막화, 하천과 바다 오염 문제

약 20%의 목초지가 과다한 방축(放畜), 방만한 가축관리 등으로 농지가 사막화되고 있다, 특히 건조한 목초지의 사막화는 20%가 넘는다.

대량의 분뇨, 항생제, 호르몬제, 농약, 비료 등이 그대로 하천에 유입되면서 바다까지 흘러가 해변의 산호층(珊瑚層)을 파괴하고 어패류 생식에 타격을 준다. 우리나라 제주도 해변에도 이미 이런 산호층 파괴 현상이 나타나고 있다.

축산에 관련된 문제는 지금도 심각하지만 FAO는 2050년에는(인구는 70억에서 100억으로 늘어남) 소득과 인구증가로 현재의 2배의 축산물 수요가 있을 것이라고 예측하고 있다.

## UN FAO의 제안

지금 FAO는 토양, 대기, 수질 관리 개선을 통해 피해를 최소화하자는 안을 제시하고 있다(Damage Control). 물론 이 개선안도 꼭 필요하지만 급속하게 진행되는 2050 축산물 수요에 대응하기에는 역부족이다(Insufficient Measures). 경제 상식에서 공급이 불가능한 상태의 해법은 수요를 공급에 맞추는 수밖에 없다.

세계 식품문화(Diets)와 비만율을 보면 일본과 한국이 가장 낮은 비만율을 보이고 일본이 가장 높은 장수 기록을 보인다. 그 반면 미국은 세계 최고 수준의 1인당 의료비 지출과 의료발달에도 가장 높은 비만율과 다소 낮은 평균수명을 보인다. 비만은 현대의학도 해결할 수 없다는 것이다.

# 동서양 음식문화의 차

1. 전통 한식과 일식은 '물을 바탕으로 한 요리법(Water based cooking)'을 사용한다. 미국과 서구는 주로 '기름을 바탕으로 한 요리법(Oil Based cooking)'을 사용하므로 근본적인 요리법의 차이가 있다.

2. 전통 한식과 일식은 곡류, 과일·채소류, 어패류를 주로 하고 육류는 양념(Flavor)으로 넣었다. 일본 막부 시대 오사카에는 소고기집이 단지 4곳이었으며 일본은 소고기를 '약'으로 먹었다는 기록이 있다. 일본도 중국, 한국, 미국 원주민처럼 개고기를 먹어 왔다. 그러다가 도쿠가와 5대장군(불교신자)이 개 잡아먹기 금지령(유배형)을 내리면서 일본의 개고기 먹기는 금지되었다. 당시 시골에 있는 농민들이 대거 에도(동경)에 일자리 찾으러 왔다가 먹을 것이 없어 길에 가는 개를 다 먹어버렸다는 것이다. 개고기 먹는 관습은 아시아계와 미국 원주민(우리와 비슷한 전통 문화를 갖고 있음)이다.

3. 미국 음식은 한국과 비교하면 총 지방은 180%, 육류는 270%, 어패류는 45%, 설탕은 138%에 달한다. 같은 미국 내에서도 동양계가 흑인보다 20년 더 장수한다는 통계가 있다. 미국 흑인은 노예시절 기름요리법으로 요즘의 패스트푸드같이 빨리 요리되고, 맛있고, 음식이 오래 보존되는 식습관을 갖게 되었다. 젊은 시절에는 육체적

으로 강인하지만 빨리 노화하여 사망한다는 것이다.


# 세계 의학계와 영양학계의 서구 음식문화에 대한 우려


/ 미국 사람의 식성은 흉악하다(America's Eating Habits are Awful).

-미국 건강 연구지


/ 서구 음식과 서구병(Western diet and Western diseases: Some hormonal and biochemical mechanism and associations)

-Herman Adlercrreutz, Scandinavian Journal of Clinical and Laboratory Investigation, 1990.


/ 서구 음식은 세계인류를 병들게 한다(How Western Diets are Making the World Sick).

-Joseph Mercola, LewRockwell.com, March 25, 2011


/ 지난 40년 동안 선진국의 당뇨병이 서구 음식을 본받아 먹는 후진국에 전염병같이 나타나기 시작했다

-패터슨(Kevin Patterson) 의학박사

/ 미국의 비만증은 더 악화되고 있다(Obesity in Ameica: It's Getting Worse).

-Jennifer B. Marks, MD, FACP, FACE, CDE, Editor, Clinical Diabetes, January, 2004, Vol. 22 no.1 1-2

/ 미래 음식: 동서양 식문화의 융화(Future of Foods: Harmonization of Eastern and Western Food Systems)

-C. Y. Lee, C. H. Lee, T. W. Kwon, Inst. of Food Technologists).

## 해법: 전통 한·일식과 패스트푸드의 장점 융합 (Merging of the Bests of the Fast Food Tech to the Korean/Japanese Diets)

세계 의학·영양학계 석학들은 통계상 입증되는 인류 건강과 장수조건에 가장 맞는 음식문화는 전통 한식과 전통 일식이라고 판단했다.

앞서 말한 것처럼 두 식문화 요리법의 큰 차이는 서구는 '기름'을 사용하고 한일 전통요리는 '물'을 사용한다는 것이다. 이 두 요리법의 장단점을 표로 요약해본다.

| 요리법 | 요리온도 | 맛 | 요리시간 | 보전시간 | 식기 | 소화 | 건강 |
| --- | --- | --- | --- | --- | --- | --- | --- |
| 기름요리 | 250℃ + | A | 즉석 | 장기/산패 | 손/종이 | 어렵다 | 해롭다 |
| 물 요리 | 100℃ | B | 장시간 | 단기 | 필요 | 쉽다 | 좋다 |

기름요리는 고온으로 요리시간이 단축되고 특히 고기류는 고온 처리로 감칠맛이 난다. 그래서 같은 솥 요리라도 압력솥 요리가 일반솥 요리보다 고온이기 때문에 맛이 있다는 것이다.

기름의 고온으로 음식의 수분을 빨리 제거하여 미생물의 활동을 억제하니 저장성이 좋고 수분이 적으니 봉투에 담아 손으로 먹는 음식으로 어느 곳에서나 먹을 수 있으니 편리하다. 또 1~2일 정도는 상하지 않기 때문에 뒤에 먹기도 좋다.

일본 무사들은 출전할 때 기름으로 볶음밥을 만들어 대나무통에 넣어 가고 우리 조상(조선시대 말 나의 부친께서 국토를 측량하던 시대)은 기름 없이 밥을 볶아 수분을 제거하고 그렇게 만든 누룽지를 통풍이 잘 되는 삼베에 넣어 출장을 갔다. 밥을 일본같이 기름으로 고온 처리하는 것과 한국같이 솥열로서 고온 처리하는 목적은 다 같이 수분을 제거하여 보존기간을 늘리고 맛을 내는 것이다.

기름처리의 단점은 보통 하루 이상 지나면 공기의 산소와 결합하여 산패(Oxidation)하기 때문에 각종 암이 생길 수도 있다는 것이다. 또 노린내(Rancidity)가 나서 곧 못 먹게 된다. 그 반면 불로만 고온 처리한 누룽지는 산패와 노린내 없이 상당 시간 더 보관할 수 있다.

기름음식의 심각한 문제는 뱃속에 들어가서 시작된다. 우리 소화기관은 각종 화학처리 장비를 갖춘 종합화공(化工)단지와 같다. 섭취한 음식물을 뱃속에 있는 미생물, 효소들이 분해하여 영양소로 전환해야 하는 소화과정에서 기름은 이 원만한 소화과정을 방해한다.

과다한 육류가 건강에 나쁘다면 그 대안은 있을까? 영양학적으로 고기가 식물성 곡류보다 우수하다는 것은 사실이다. 다행스럽게도 이러한 고기를 영양학적으로 대신할 수 있는 곡물이 있다. 바로 대두다. 대두는 옛 고구려 땅(남만주)이 원산지로 알려져 있고 미국에는 19세기 시카고 세계박람회(Chicago World Fair)에서 작은 유리병 속에서 첫 선을 보였는데 지금은 미국이 세계 제일의 대두 생산지다(세계 생산량의 36%). 대두기름은 식용유, 대두박은 가축사료로 '황금작물(Golden Crop)'로 불린다. 그 이유를 살펴보자.

1. 단위 면적당 가장 많은 양질의 단백질 공급원이다.
2. 인체에 필요한 모든 단백질(Amino Acids)을 함유한다.
3. 몸에 해로운 콜레스테롤과 동물성 지방, 특히 포화지방이 없다.
4. 지금 대두를 바탕으로 한 각종 '가공육류'를 세계 식품업자가 만들고 있고 그 맛과 육질(Texture)이 급속히 발전하고 있어 '진짜'와 비슷한 맛과 육질을 낸다.

한국, 중국, 일본은 대두를 5,000년 전부터 생산, 가공하여 각종 발효음식인 된장, 간장, 두부, 콩나물, 죽, 우유, 떡, 각종 반찬과 요리 음식 재료로 쓴다. 일제 강점기에는 형무소에 가는 것을 '콩밥 먹는 다'고 했다. 지금 생각하니 일본이 형무소를 무급 중노동자 수용소로 이용하다 보니 죄수의 건강을 유지하는 방안으로 콩밥을 억지로라도 먹인 것이 아닐까 싶다.

그 반면 미국과 유럽 가정에서는 대두음식이 육류보다 건강에 좋은 줄 알면서도 대두를 요리해서 먹는 법을 잘 몰라서 자신들도 답답하게 생각하고 있다.

지금 미국 유명 슈퍼마켓에 나와 있는 대두 가공품으로는 콩나물(Bean Sprouts), 두부(Tofu), 간장(Soy Sauce), 대두 우유(Soy Milk) 등이 있다. 문제는 일반 미국 가정에서 대두 가공품의 요리법을 잘 모른다는 것이다. 미국의 대두 우유는 너무 묽고, 달고, 강한 인조 향료 냄새로 고소한 맛이 없다(milk). 요즘 미국 영양학계에서 비만의 원인인 설탕을 피하도록 권장하고 미국 주부들도 인조향료를 기피하며 자연식품(Natural Food)을 더 선호한다. 그래서 설탕과 향료가 없는 재래 한국콩국(Unsweetened Granule Soy Milk)은 바로 미국 사람과 미국 식품시장이 원하는 Soy Milk가 될 수 있다. 콩국은 한국 식품회사가 마음만 먹으면 큰 비용 없이 단시간에 세계화할 수 있는 좋은 한국 전통음식이다.

콩 발효음식으로 청국장, 일본 미소, 낫또 등도 이들 재료의 요리법만 잘 알릴 수 있다면 시장성이 높다고 본다. 특히 최근 들어 건강 면에서 한국과 일본 식문화에 대한 관심이 높아져 지금이 적기다(Now is the best time).

대두, 어패류, 과일·채소류, 산채류, 현곡류(玄穀物 Whole Grains)를 재료로 '물'을 바탕으로 한 한국과 일본 전통요리법을 사용하고 동서양 사람들의 기호에 맞게 인류·지구·저소득층 친화적인 새로운 음식을 연구 및 개발하여 저가에 대량으로 생산하는 것(Large amount at low price)은 세계적 도전(Global Challenge)이고 그 성공 여부는 인류와 지구를 구하는 중요한 과제이다.

지난 반세기 동안 세계 음식문화가 된 미국의 패스트푸드(Fast Food)는 오늘날의 세계인들이 무엇을 선호하는지(Global Food Preferences) 알려주고 있다. 세계인들은 맛있고, 빠르게 조리되고, 간편하고 저렴하게 먹을 수 있고(Low Cost), 오래 보관할 수 있는 음식들을 선호한다는 것이다. 이러한 장점을 질병을 예방하고, 몸매를 관리하고, 지구환경을 보호하고, 저렴하게 먹을 수 있는 전통 한식·일식의 장점과 결합시켜 새로운 세계 식문화를 창조해야 한다(Creation of a new Global Food that takes the best and leaves the worst of the East and the West).

인류 습성 중 가장 바뀌기 어려운 습성은 식성(食性)이다. 옷, 사상, 이름, 친구, 국적, 거주지, 심지어 남편(마누라)과 이혼하거나 성 전환을 하는 것도 하루 만에 가능하지만 엄마(할머니) 솜씨를 고집하는 식성은 바뀌기 어렵다는 것이다. 하지만 사람들의 식문화도 지난 한

세기 동안의 변천을 볼 때 동서양 다 같이 조상들이 놀랄 정도로 크게 변했다.


## 이제 새로운 식문화를 맞이할 때가 왔다

동서 음식문화 융합작전은 한국·일본·서구의 농업, 식품 관련 학계, 연구소, 생산자과 판매자가 다 같이 협조하여 추진한다면 단시간에 성취할 수 있는 사업(Business Project)이다. 맥도날드나 버거킹 같은 판매기록(World Track Records)을 가진 패스트푸드계의 거대 기업과 한국 기업들이 앞장서서 학계, 연구소와 같이 신상품 개발을 하여 이미 구축된 세계 판매망과 요리, 생산, 운영지식을 기반으로 추진하면 현재의 몇 배나 되는 사업성과도 낼 수 있다.

세계 인구와 소득의 증가로 기존 농지와 산림은 타 용도(산업, 도시, 각종 시설)로 전환되고 있고 육류생산은 곡류보다 배의 농지가 필요로 하는 작금의 상황에서 인류가 원하는 양만큼의 육류생산은 얼마 안 가 불가능해질 것이다.

지난 100년은 농업의 지속적 발전으로 식품을 구입하는 비용이 줄어들었지만 만일 오늘의 서구 음식문화가 더 세계화한다면 농산물 수급 불균형으로 농산물 가격폭등이 유발될 것이다. 이미 이 같은 농산물 가격 폭등 추세가 최근 한국을 위시하여 전 세계적으로 나타나기 시작하고 있다.

공산물은 생산기술 발전으로 단가 생산비는 내리고, 질은 높아질 것이지만 반대로 농산물은 예측할 수 없는 지구의 기상이변과 농업 생산기반 축소로 상대적으로 공산품보다 더 비싸게 될 것으로 예측된다.

이런 상황을 고려하여 우리는 지금의 서구 식문화에서 벗어나 더 건강하고 저렴하고 환경 친화적인 식품생산과 판매를 연구·개발할 때가 왔다고 할 수 있다! We all can do it!

# V. 서구식 복지제도는
# 나라와 수혜자를 망친다

# V.


고대 사회에도 민간과 정부복지는 있었다. 중국 송나라에는 양로원, 공공 의료시설, 무연고자 묘소 등이 있었고 로마 제국의 초대황제 아우구스투스도 각종 복지정책을 시행했으며 유태인들은 신앙의 원리로 복지활동을 했다.

하지만 국가, 가족, 사람 간의 복지와 선심은 오히려 역효과를 가져올 수도 있다고 동서양 선현들이 경고한다. 우리 명언에 '가난은 나라님도 못 구한다'는 말이 있는데 미국 명언에도 '쉽게 생긴 돈, 쉽게 날린다(Easy come, easy go!)'는 말이 있다.


## 미국: 부강국의 복지제도 실패


미국 복지정책의 정부개입은 1930년대 대공황 때 1/4의 노동인구가 실업자가 되면서부터 시작되었다. 1935년에는 사회보장제도(노후연

금: Social Security Act), **실업보상금**(Unemployment Compensation), 여성 가장들을 돕는 자녀 부양비(AFDC) 제도가 시행되었다. 현재 미국의 노후연금제도는 수혜자가 자기봉급에서 매달 일정 %로 미리 낸 돈을 다시 받는 것이고 그 받아내는 액수는 이미 낸 액수와 연결되어 빨리 사망하면 이미 낸 돈도 다 못 받고 죽는다. 장수하면 낸 돈보다 더 받을 수 있지만 완전 꽁돈은 아니다. 또 20대부터 오랫동안 납부했다 해도 그 액수로는 노후생활을 완전히 보장하는 데는 부족하다.

1964년 존슨(Johnson) 대통령은 미국의 빈곤층을 없애겠다는 착하고 거룩한 목표로(The Great Society: 위대한 모범 사회) 대규모 사회복지제도를 발동시켰다. 그 후 반세기 동안 126항목을 기준으로 연간 약 10조 불(1,000,000,000,000달러: 국민 총소득의 1/15, 한국 GDP 규모)을 복지예산으로 쏟아 부었다. 그래서 가족 당 연 61,830달러(약 6,300만 원)에 해당하는 지원을 받았다. 하지만 해마다 늘어나는 지원 항목과 국고 지출에도 빈곤 대상자 수는 오히려 불어나는 기이한 형상이 나타났다. 이는 일부 국민들이 일을 안 해도 나랏돈 받아서 살면 된다는 생각을 하기 시작하면서 역효과가 났다는 것이다.

정부가 분배한 빈민 가족 당 61,839달러(일인당 20,610달러)는 일반적인 미국 가족의 연소득보다 많다. 하지만 대상가족이 받는 돈은 각종 행정경비와 기타 누수(Leakage)를 뺀 것이니 더 적은 액수이긴 하다. 이와 같은 누수는 복지대상 신청자의 허위소득과 식구 수, 행정

기관의 각종 오류들 때문에 발생한다. 그 액수는 적어도 총 정부지
출의 10% 가량 된다고 추산된다.


## 미국 복지문제 전문가 평가

"복지국가 미국, 연 10조 달러 복지전쟁의 실패"

Michael Tanner, "The American Welfare State, How We Spend

Nearly $1 Trillion a Year Fighting Poverty… and Fail," Policy

Analysis, CATO Institute, 2011.4.11


이 연구지의 내용을 요약하면 미국의 빈곤율은 인구의 16+% 로
최근 10년간 최고로 상승했고 계속 상승하고 있어 더 많은 복지지
출을 해야 될 판이다.

지난 10년 동안 부시(Bush) 대통령과 오바마 대통령은 다 같이 폭
발적인 복지지출을 감행했지만 아직 4,600만 명(한국 인구 수)이 빈곤
속에 살고 있다. 1964년 미국 국회에서 존슨(Johnson) 대통령이 '빈곤
과의 전쟁'을 선포한 후 총 15조 달러(2011년 GDP 액수)의 정부지출에
도 불구하고 미국의 빈곤은 여전하다.

이 같은 결과는 정부의 복지정책과 수행에 잘못이 있다는 증거다.
돈을 마구잡이로 퍼 넣지만 빈곤은 여전하고 수혜자도 빈곤에서 자

립하지 못하고 있다. 위에 언급한 복지 전문가는 '미국 사회는 빈곤자를 편하게(Comfortable) 하는 것보다 잘 살게(Prosperity) 하여 빈곤(Poverty)에서 탈피하는 데 초점(Out of Poverty)을 두어야 한다'고 말한다.

세계 최고의 부강국인 미국 정부도 복지정책에 실패를 하고 지금 해법도 없는 속수무책(束手無策)인 상황이다. 가장 큰 원인은 수혜자의 '도덕적 해이(Moral Hazard)'에서 있다고 한다.

정부가 주도하는 복지제도의 실패는 민주주의 국가의 단점 중 하나로 유럽 국가들은 지금 미국보다 더 심각한 금융재정위기에 노출되어 있다. 지금 그리스와 스페인은 25% 이상의 실업률을 보이며 미국의 1930년대 대공황의 실업률을 넘어섰고 청년 실업률은 50%를 넘는다. 이탈리아의 20대 실업률은 34%로 유럽 북방으로 취업이민을 하기 위해 외국어 공부에 한창이다. 미국 20대 실업률도 17%에 달했다. 다들 믿고 기대해왔던 사회복지 안전망(Social Safty Net)이 재정난으로 구멍이 난 탓이다. '세상에 믿을 놈이 없다'는 말이 바로 서구 정부의 사회복지제도를 두고 하는 말이다. 그 대가로 구미의 현 수상이나 대통령들은 지난날 선임자들의 복지공약과 실패를 대신 덮어쓰고 투석과 화염병의 표적이 되고 있다. '상 받는 놈, 욕 보는 놈 따로 있다'는 것이 바로 이것이다.

# 그리스, 유럽 모범 복지국의 실패와 종말: '그리스의 비극(Greek Tragedy)'

그리스는 유럽문화의 발상지로 한때는 이집트에서 인도까지 누비는 대국이었다. 위런(Erwin Wirawn)은 '그리스의 비극: 민주주의와 복지국가의 실패(The Greek Tragedy: Failure of Welfare State and Democracy, 2011.12.23)'에서 구미국가의 대표적 민주주의와 복지정책의 실패모형(Model Failure)으로 그리스를 꼽는다. 그는 그리스의 복지정책 전성기와 그 종말을 아래와 같이 설명한다.

모범 민주 복지국가로 칭찬받던 그리스, 민주 복지국가로서의 실패, 그로 인한 오늘의 고난(Woes)은 우리 모두에게 좋은 교훈을 준다. 특히 이 복지정책을 구상하여 강력히 추진한 파판드레우(Papendrou) 왕조(그리스의 케네디 왕조라고도 함)는 대대로 하버드대 경제학 박사 출신 총리들을 배출했다.

민주 복지정책은 정부가 정책 수행에 충분한 재원이 있을 때만 가능하며 재정난 때는 문제가 생길 수밖에 없다는 당연한 사실을 이제 알게 되었다.

세계 경제사를 보면 경제순환이란 것이 있어서 몇 년간 호황기였다가 또 몇 년간 불황기가 온다. 일반적으로 경기가 좋을 때 정치하는 양반들이 이 경기가 지속될 줄 알고 거기에 맞추어 복지제도를 시행하여 박수를 받다가 요즘 같이 세계적으로 불황이 오면 정권 선임자의 맞춤식 복지제도 지출이 불가능하게 되어 국민들로부터 박수 대신 화염병 세례를 받는다. 그래서 문제는 경제순환이라는 고약한 경제 현상이 존재하는 한 구미식 복지제도 실패는 경제순환과 같이 주기로 닥친다는 것이다. 오늘날의 그리스가 이 이론을 입증하고 있다.

그리스는 몇 년간의 군사정권에서 1974년 민주주의를 회복했고 1963년 군사 쿠데타로 쫓겨난 게오르기오스 파판드레우(George Papandreou) 총리가 다시 복귀했다.

새 민주주의 하에서 1981년에는 미국 하버드대에서 공부한 아들 안드레아스 파판드레우(Andreas Papandreou, 나의 모교인 미네소타 대학 경제학 교수이기도 함)가 큰 표 차로 총리직에 오르고 명철하고 추진력 있는 지도자가 되었다. 그는 재직 동안 그리스 번영에 큰 공헌을 했다. 그리스에서 태어나 죽을 때까지 정부복지로 걱정 없는 평생을 모든 국민에게 제공하기 위해 노력했다. 첫 총리 재직 기간은 1981~1989년이었는데 그다음 선거 때는 재정비리 의혹으로 낙선했고 1993년 재선했지만 1996년 건강문제로 은퇴한 후 같은 해 사망했다.

안드레아스 파판드레우는 많은 그리스 국민에게는 아직 압도적 숭배의 대상으로 2007년과 2008년 여론투표에서 역대 수상 중 가장 훌륭한 지도자로 인정받기도 했다.

그러나 최근 그리스에 경제위기가 닥치면서 안드레아스 정부가 남긴 복지제도 유산(Heritage)에 의문을 품게 되었다. 안드레아스는 일시적으로 그리스의 번영(Prosperity)을 가져 왔지만 그 결말을 제대로 예측하지 못하고 시행했던 것이다. 하버드대 박사 출신이자 미네소타 대학의 경제학 교수였던 그가 경제순환 원리를 깜빡한 모양이다!

방대한 복지정책 수행에 필요한 '막대한 비용 시한폭탄'이 이제 와서 터지기 시작한 것이다. 많은 사람들은 그 복지제도가 지금 눈앞에 전개되는 '그리스의 비극'의 원흉(Culprit)이라고 이해하기 시작한 것이다.

그리스의 퇴직금 제도는 부국인 독일보다 좋다. 또 공무원 딸이 미혼이면 미혼수당(Stipend)까지 준다.

사실은 그리스 정부는 국가 생산성이 향상하는 범위에서 더 많은 복지혜택을 줄 수 있다. 다시 말하면 세금과 기타 재원이 있는 한이다. 하지만 지금은 아니다. 정부가 지금 의지할 재원은 국채발행밖에 없지만 이미 발행했던 약속한 국채채무를 이행하지 못하고 있어서 돈줄이 꽉 막힌 것이다.

현 상황에서 할 수 있는 길은 세출을 줄이고 세금은 올려 재정균형(Balanced Approach)을 잡는 정책을 펴는 것이다. 은퇴 나이는 올리고 퇴직금은 줄이고 동시에 일부 복지제도를 중단하는 것이다.

하지만 그리스의 민주주의 체제(다수결 투표로 정책 결정)하에서는 안 될 말이다. 수십 년 동안 받아온 이 좋은 혜택을 중단한다고 하면 집권정권, 새로 들어올 정권, 후보정권은 당장 투표장에서 쫓겨

난다는 것이다. 그래서 안드레아스의 아들인 게오르기오스(George Papandreou) 총리가 자리를 떠났다.

그 후임자인 루카스 파파데모스(Lucas Papademos) 총리는 민주주의식 선거 당선자가 아닌 전 유럽중앙은행 부총재로 '경제 구세주'로 선임된 것이다. 며칠 후 같은 재정 낭떠러지에 처한 이탈리아도 전 유럽연합 집행위원(EU-Commissioner)인 마리오 몬티(Mario Monti)를 '경제 해결사' 총리로 임명했다.

민주주의 정부는 경제위기(Economic Crisis)와 같이 인기 없고, 어렵고, 단호한 결단이 필요한 위기에는 별다른 힘이 없다는 말이다. Democracy does not work.

이 같이 한 방 맞는 민주주의에 중국은 웃고 있겠지(Another blow to democracy and China is laughing)! (출처: Wireman)


## 서구식 복지제도는 수혜자도 망친다

수혜자와 사회가 다 같이 원하는 것은 복지제도를 통한 일시적 응급조치(Emergency Measures)로 자립이 가능하다면 빨리 사회에 기여하는 시민이 되는 것이다. 인구의 몇 %는 통계적으로 날 때부터 자립이 불가능하고 의학의 발달로 그 수는 계속 늘어나고 있다. 또 고령화에 따라 노후·의료 복지 지출도 계속 많아지고 있는 상황이다.

OECD 국가 중 한국의 노인층이 경제적으로 노후준비가 안 되어 있다는 보도가 나온다. 그 원인은 다른 문화에 비해 한국 부모들이 자식들한테 너무 빠져서 교육비와 분수에 넘치는 결혼비용에 가진 돈을 모두 주고 결혼 후에도 자식들이 독립하지 못하고 부모의 돈에 의지하는 관습이 있기 때문이다. 심지어 부모들의 노후비상금인 퇴직금(연금)까지 자식의 위험한 사업이나 장사 밑천으로 주고 다 날려(가족 간의 도의적 해이) 불행해진 노인층이 어느 나라보다 많다.

정부 복지제도가 없는 시대에는 '가족 상조'로 부모는 아이를 보호하고 교육시키고 자식들은 부모를 공경하고 나이 든 부모를 부양했지만 요즘은 어디서 배웠는지 자식 투자 때문에 돈이 없는 부모를 팽개쳐 버리고 정부 복지에 책임을 전가하고 있다.

사라져가는 전통과 미풍양속은 복지제도만 탓할 것이 아니라 소수의 한국 부모들의 책임도 크다.

대부분의 미국과 일본 부모들은 아이들을 철저하게 길들인다. 일본 부모는 남에게 폐 끼치지 말고 거짓말하지 말라는 것을 강조하고 미국 중상류층 부모는 공평하게 남을 배려하고(Be fair) 친절 하라(Be kind)고 가르친다.

반면 한국에서는 아이들이 식당, 버스 안 또는 기타 공공장소에서 소란을 부려 주변 어른들이 주의를 주면 부모들이 아이 기 죽인다며 대판 싸우는 것을 본다. 또 학교 교사가 자기 아들을 체벌했다고 친척들을 동원해 교사를 집단폭행하는 것은 다른 문화에서는 드문

일이다. 일부 한국 부모들이 자유분방한 아동교육이 미국식 아동교육인 것으로 착각하는 것 같다.

물론 미국에서도 저소득층 부모들은 시간 여유가 없어 하는 수 없이 제멋대로 교육을 하고 있다. 결과적으로 대부분의 아동범죄도 이런 계층에서 일어난다. 부전자전인 것이다. 미국 정부 복지제도 시행에서 가장 큰 골치는 복지혜택 대상자가 아닌 국민들이 복지제도의 허점을 노리거나 허위로 복지제도를 남용한다는 것이다. 이것을 미국식 유행어로 '복지 제도의 남용(Milking the System)'이라고 한다. 이러한 사례가 너무 심해 세금 내는 일반 시민의 눈총을 받고 있다.

이에 진상을 조사·파악하기 위해 미 국회 재정경제위원회에서 전국적인 시정조사와 보고서 제출을 각 해당 행정부에 요구했다. 나도 전국을 대상으로 조사하여 보고서를 제출했다(STUDIES IN PUBLIC WELFARE, JOINT ECONOMIC COMMITTEE, CONGRESS OF THE UNITED STATES, DECEMBER 31, 1974).

복지정책 남용 보고서

# 제도남용의 유형과 규모
(Milking the System: the Types and Size)

수많은 정부 복지제도를 4개 부처와 수많은 기관에서 독립적으로 시행하여 각 부처 간의 행정연계(Administrative Coordination)가 없어 수혜자들이 7~8개 항목의 동시 혜택을 받는 경우가 많아 정부가 주는 보조금(Milk)을 요령껏 이용하면 땀 흘려 일하는 것보다 수입이 더 좋다고 한다. 결과적으로 정부 정책이 '취업자'를 '실업자'로 전직시키는 모순된 결과가 낳고 있는 것이다.

이렇게 복지제도를 남용하는 새로운 왕족이 탄생했다. 이 왕족의 칭호는 '복지여왕(Welfare Queen)'이다. 밍크코트에다 벤츠를 타고 다니는 여왕님들(Wearing Mink and Driving Benz) 말이다. 그 돈의 출처는 여왕님이 타는 벤츠의 주차장 심부름하는 아저씨들의 세금이고 여왕님이 남긴 식당 접시를 치우는 아가씨와 아줌마의 세금이다. 미국 부자들 돈은 결코 아니다. 이들은 합법적 탈세 전문가들로 미국 통계를 보면 사장님보다 사장 비서가 세율이 더 높다는 말도 있다. 부자는 아무나 되나!

과거 40년간의 미국 통계를 보면 복지 지출액이 더 많으면 실업자 수도 같이 늘어난다는 상관관계가 있다. 물론 상관관계가 반드시 인과관계라는 것은 아니지만 대다수의 직장인이 돈 때문에 직장에 나가지 상사 얼굴 보고 싶어서 직장에 나가는 사람은 거의 없을

것이다. 그래서 복지혜택으로 받는 꽁돈이 생기면 하급직 근로자는
실업을 선택한다는 것이다. 실제 지금 미국 저소득층은 집에서 실업
자로 놀고 있고 남미 불법 이민자들이 정원일, 집 청소, 온갖 잡일을
다 하고 있다. 다시 말하면 복지제도가 실업자를 양산한다는 것이
다. 이것은 한국 정부가 원하는 '창조경제'가 아닌 '실업자 창출경제'
이다(The welfare programs create more unemployment). 또 복지혜택을
받는 사람과 세금(복지금)을 내는 계층 간의 반목(Creates more conflict
among classes)를 심화시키고 있다.

복지제도의 혜택을 받기 위해 기준에 맞게 소득, 가족 수, 동산
과 부동산을 재정비(Work-Out)하거나 허위 신청한다. 현재 미국의 행
정절차에서는 다 쉽게 정부를 속일 수 있다. 나는 한국 교포 중 복
지혜택을 받고 있는 사람들을 인터뷰한 적이 있는데 대부분의 노
령 수혜자들의 가족은 한국이나 미국에서 의사, 간호사, 변호사, 판
사라는 어엿한 직업을 가지고 있었다. 같이 살다 은행통장은 자식
에게 맡기고 양로원에 옮겨 시행기준에 맞게 '가족 구조조정(Family
Unit ' Work-Out ')'을 한 분들이다.

숫자가 안 맞으면 요령껏 약간 고쳐서 신청하면 된다. 미국의 정
부 담당자들은 자기 돈도 아니고 또 목적이 빈민을 돕는 일이다 보
니 너무 고지식하게 하면 동네 인심도 그렇고 해서 단시간에 처리하
곤 한다. 미국 공무원은 우리 생각보다 융통성이 많다.

지금 미국에서는 불법 이민자 100만 명 이상이 밖에서 당당하게

일하고 있다. 법대로 하면 다 소탕할 수 있지만 그냥 두고 있는 미국이다. 이들을 쫓아내면 값싼 농장일, 가사일, 험한 일을 할 노동력이 없고 임금 인플레이션(Inflation)을 유발한다. 지금 미국의 노임과 상품 인플레이션이 낮은 큰 이유는 저임금 불법 이민자와 중국과 개발 도상국가들의 싼 수입품 때문이다. 그래서 오히려 한국이 상대적으로 미국보다 고임금, 고급상품 국가이다.

방문비자로 왔다가 일자리를 구해서 20년간 미국 수도인 워싱턴에서 한 번도 법망에 걸리지 않고 잘 살고 있는 사람도 있다. 미국은 '법치국'이지만 철저한 '법 시행국'은 아니다. 미국 속담에 '변호사는 좋은 이웃이 못 된다'라는 말이 있다. 미국은 생각보다 너무 법 시행이 허술하다. 각 주마다 법이 달라 주에서 다른 주로 도망치면 평생 못 찾는다. 중혼을 10번 이상 한 사람이 법망을 피해 잘 살고 있는 경우도 있다. 한 TV 프로그램에 남편이 도망가서 오랫동안 찾지 못하는 5명의 부인들이 도망간 남편 욕을 퍼붓고 있었다. 질문시간에 한 남자가 '개도 집을 안 떠나는데 어떻게 했기에 남편이 말도 없이 집을 나갔느냐?'는 말을 해서 다들 폭소했다.

1930년대 경제공황 때 시행된 여성 가장들을 돕는 자녀 부양비(AFDC) 제도는 홀어머니에게만 적용되어 결과적으로 미국 사회의 결혼문화를 왜곡시키고 있다. 이 혜택을 받기 위해 부부가 가족 구조 조정을 하여 이혼신청을 하고 아빠는 야행성(夜行性) 기러기가 되어 밤에만 오는 어이없는 짓을 하기도 한다. 한국은 아이 공부 때문에 아빠와 엄마는 여행성(旅行性) 기러기가 되기도 한다.

개인, 가족 단위에서 한 단계 올라가 학교, 학군, 주정부 단위에서도 복지혜택을 받기 위해 여러 가지 '숫자 고치기:(Number Games)'가 생기게 되었다. 나는 5,000만 명 아동의 급식시행을 담당했던 적이 있다. 학생들의 급식 지불액은 소득수준에 따라 전액(Full Price), 절감액(Reduced Price), 무상(Free)으로 분리했고 학생 부모가 먼저 소득, 가족 수를 신청서에 자진신고하면 그냥 믿고 접수한다. 이런 제도를 Honor System(신청자 믿기)이라고 한다. 그 다음에 학교, 학군, 주정부가 합계를 내서 농무부, 식품영양국에 제출하면 그 전액을 정부는 학군 내 각 학교에 분배한다. 이 과정에서 학부모가 조금씩 유리하게 숫자를 조작하고 학교도 그 숫자를 조금 더 조작하여 신청하는 경우가 있다. 연방정부, 주정부, 학군은 숫자를 전달하는 역할만 하기 때문에 깨끗하겠지만 문제는 학부모와 개별 학교에서 생긴다. 연방정부에서 5,000만 장의 신청서를 하나하나 검토할 수가 없다. 숫자를 조작한 개별 학교에서는 여유 있게 받은 정부 급식지원금을 다른 용도에 유용한다는 소문을 듣지만 이런 일을 추적·확인·소송하는 시간과 비용문제로 이런 짓이 더 큰 문제로 확산되지 않기만을 바란다. 다행히 한 번도 그 돈이 개인 비자금으로 사용된 적은 없다. 사실 일반적으로 미국 지방정부나 학교 비리는 개인 비자금 문제에 얽힌 경우가 적은 편이다.

학교급식 식품 구매과정에서 낭비가 심해 내가 A. T. Kearney(구매 전문 컨설팅업체)를 시켜 전국 1,000개 학군의 구매 상황 조사를 했고 그 결과를 급식전문 연구지에 발표하고 전국 학교 급식 담당자에게 배부하여 식품구매요령을 지도하기도 했다(J. C. Chai, School Food Procurement: Procurement Models and Guides, School Food Service Research Review, 3(1), 1979).

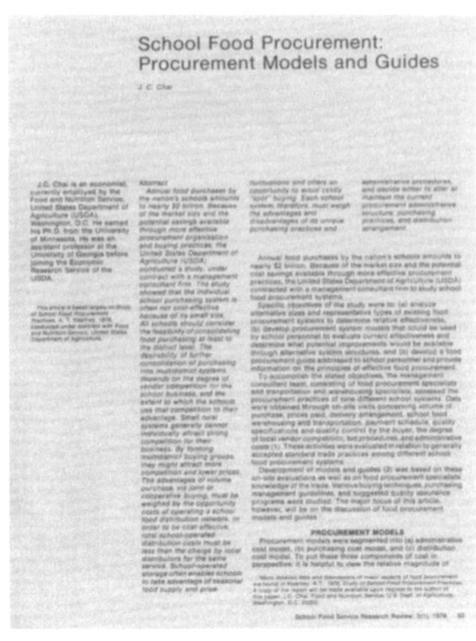

학교급식재료 구매요령

학교 급식 담당자들은 대부분 요리사 출신으로 구매운영과 관리 전문가가 아니기 때문에 납품 상인들한테 속기도 하고 구두계약으로 비리도 생긴다. 그에 따라 물량 미달, 품질 미달, 불필요한 고가품 구매 등 현장 급식운영에 문제점이 있었다. 그래서 저렴한 비용으로 고품질의 급식재료를 구매하는 방법을 전국 급식 담당자들에게 교습했다. 여러 학군이 공동으로 재료를 대량 구매하여 구매가격을 최소화(Volume Discount)하고, 공개입찰로 최저가격 입찰자를 선정(Select the lowest bidder)하며, 용도에 맞는 품질의 상품을 구매하는 요령을 알려주는 것이다. 예를 들면 식탁용과 요리용 음식재료의 가격 차이는 약 10~20%인데 급식을 할 때는 딱히 식탁용 고급재료는 필요하지 않다. 과일이나 채소류, 계란 같은 농산물은 크기가 클수록 오래 보관할 수 있다. 덩치가 클수록 공기와 접촉 하는 비율이 낮아 더 오래 보존되기 때문이다. 또 껍질을 벗겨야 과일, 채소, 계란은 클수록 요리과정에서 나오는 쓰레기가 적다. 그 당시 5,000만 명의 아동급식에 정부 지출이 연간 약 20억 달러, 내가 알려준 요령대로 재료를 구입하면 약 10%의 국고절약으로 매년 2억 달러의 국고절감 효과가 있었다.

학교급식 시행 전에는 대부분의 미국 가정에서는 어머니가 점심을 아이 식성에 맞게 먹을 만큼 넣어 주어 음식 쓰레기가 없었다. 학교급식을 시작한 후 먹기 싫어서 버리는 음식쓰레기 처리와 낭비가 큰 부담이 되기 시작했다.

한국은 미국처럼 잉여 농산물도 없고 많은 필수 식량을 수입하기 때문에 농산물 가격이 비싼데다 과다 포장과 과잉 유통비용으로 식료품 물가는 세계 최상급이고 미국 식료품 가격의 몇 배가 되기도 한다. 한국의 학교급식 담당자들도 일부 미국 학교급식처럼 학군·구·시 단위로 생산자와 직거래를 하여 최저가격 구매법을 본받으면 좋을 것이다. 나는 미국 전역에 이 구매법(소위 구매자 가격 독점법)을 가르쳤다. 생산자 독점을 Monopoly라 하는데 이는 생산자가 유리한 가격을 정하는 것을 말하고 반대로 구매자가 유리하게 가격을 설정하는 것을 Monopsony라고 한다. 구매자 독점은 구매자가 하나로 뭉쳐 있을 경우에만 가능하다. 우리나라 사정에서 가장 효율적인 방법은 정부가 급식을 지원하는 모든 기관(군, 정부기관, 학교, 교도

소 등)을 대표하여 구매자(Monopsony)가 되어 공개입찰(Open Bidding)로 최저입찰자를 선별하고 비가공 농산물은 생산자 농민들, 가공물은 공장과의 직거래를 통해 최소한의 포장(Basic Packing)으로 장기 공급계약을 체결하는 것이다. 공급자는 생산비+이윤의 장기보장을 받을 수 있고 구매자인 정부지원 구매기관도 쓸 데 없는 겉치레 포장비, 포장 쓰레기 처리비용과 낭비 문제, 각종 중간유통비를 절감하는 효과가 있다(더 자세한 설명은 J. C. Chai, School Food Procurement: Procurement Methods and Guides를 참고할 것). 이 구매기법으로 한국 역시 미국처럼 최소한 약 10%의 국비 절감효과를 볼 수 있을 것이라고 생각한다.

미국 50주 외에도 대서양에 위치한 옛 스페인 식민지 푸에르토리코(Puerto Rico)와 태평양에 위치한 옛 스페인 식민지 사이판(Saipan)도 미국의 복지혜택을 받는다. 나는 주기적으로 푸에르토리코에 출장을 가서 복지정책 시행상태를 점검하고 책임자들과 문제점과 해법을 의논했다. 푸에르토리코는 학교급식 무료혜택을 받는 학생이 90%로 신청되어 있는데 이에 따라 빈민이 90%라고 판단하는 것은 섣부른 생각이다. 학부모 급식 신청서를 현장에서 보니 부모들 서명이 다 같은 필체였다. 이유를 물어보니 학교 교장들이 부모 대리로 서명했다는 것이다.

이 문제를 문서위조로 보면 미국 정부와 자치령 간의 마찰만 생기니 대안으로 내가 매년 학생 1,000명을 선정해 표본조사를 하고 이 결과를 기준으로 연방정부 지원액을 정하자고 제안하여 조용히 해결되었다. 결과적으로 그 후 해마다 매년 거액의 정부재정 누수를 막을 수 있었다.

사이판은 16세기부터 스페인, 독일, 일본, 미국 통치로 다문화 다민족이다. 1945년 일본에서 해방되었고 1970년대에는 UN 신탁통치 결정과정에서 미국(괌과 같은 차모로족) 자치령으로 되어 미국 복지제도의 혜택을 받게 되었다. 나는 미국 국회 요청으로 복지제도 시행에 필요한 자료인 인구, 가호, 소득 등 경제자료 수집을 담당하게 되어 사이판에 두 달 상주하면서 사이판 정부 직원과 함께 인구와 경제 통계조사에 나섰다.

복지문제에 대해서는 사이판 지사(의사 출신)로부터 솔직하고 현실적인 현지상황을 들을 수 있었다. 일본의 지배를 받았던 사이판에는 사탕수수 농장(일본 해군 군수물자), 수박, 토마토 등의 각종 농산물 농장, 일본 기생거리(게이샤 마지)와 형무소까지 고루 갖추어 있었다.

그런데 미국 사람이 들어오면서 미국의 각종 잉여 농산물, 구호 물자와 값싼 호주 쌀과 농산물로 사이판 농가는 폐농되고 생산업은 사라졌으며 남은 일자리는 주로 정부 공무원, 외국계 호텔, 한국인이 경영하는 술집의 잡일밖에 없다. 농사가 풍작이면 외지 농산물과 경쟁이 안 되고 흉작이나 태풍이 몇 번 지나가면 폐농하니 다시 농사를 지을 엄두를 내지 못하고 정부 공무원 아니면 관광 유흥업에 종사하면서 그늘에서 미국 콜라와 맥주를 마시는 것이 일상이 되어 버렸다는 것이다. 그에 따라 운동부족과 과다설탕 섭취로 당뇨, 비만 등 각종 서구병 환자가 많아지고 있다는 사이판 지사의 의사다운 탄식이었다.

이 말을 듣고 세상에 공짜는 없고 그 대가는 더 무섭다는 것을 알았다. 세상 사람들은 태평양 섬들을 지구의 낙원으로 보고 있고 이 섬들의 아름다운 자연은 옛날이나 지금이나 같지만 사실은 말 못할 속병을 앓고 있는 것이다. 영화 'The South Pacific'에서 본 낙원 같은 풍경은 그대로지만 그 안의 현실은 딴판이다. 우리가 아는 그 꿈의 낙원은 어디로 사라졌나! The Lost Pacific Paradise!

미국 정부의 복지제도가 사람을 망치는 안타까운 사례는 굳이 사이판까지 안 가도 미국 대륙 한복판에서도 찾을 수 있다. 바로 고향을 뺏긴 미국 원주민(American Indian)이다. 방대한 대륙을 다 빼앗기고 원래 땅의 2.3% 정도 되는 농사는 물론 아무것도 제대로 할 수 없는 불모지인 310보호구역에 처박힌(Indian Reservation) 150만 명의 아시아계 본토 원주민들 말이다.

나는 1958년 학생 때 보호구역을 방문한 적이 있다. 단체여행자 중 처음 보는 아시아계인 나를 보고 '우리 사촌'이라고 친하게 접근하면서 자기들 마을에 며칠 쉬고 가라고 했는데 단체여행 때문에 안 된다고 할 수밖에 없었다. 그 사람들의 풍속은 우리와 공통한 점이 많다. 개고기를 먹고 팽이놀이를 하며 무당춤을 추고 장승과 비슷하게 생긴 나무로 만든 토템도 있다. 또한 생김새도 비슷하다(북미계는 남미계보다 몽고계를 더 닮아 덩치가 크고 피부도 희다).

그 사람들의 삶은 '지상낙원 속의 지옥'으로 표현된다. 그 당시 미국 정부는 2만 년 동안 조상 대대로 농사를 짓고 사냥하고 살던 원주민들을 자기들 낙원에서 쫓아내고 남녀노소, 환자 할 것 없이 수천 리 길을 도보로 고르고 고른 낯선 불모지로 '죽음의 행군'을 강행(Death March)시켰다. 한 원주민 부족은 4천 명의 죽은 가족들을 광야에 남겨두고 보호구역으로 갈 수밖에 없었다. 미국의 역사가들은 이를 '눈물의 발자국(Trail of Tears)'이라고 말한다.

비슷한 죽음의 행진이 1942년 2차 대전 당시 일본군에게 점령당한 필리핀에서 있었다. 당시 총사령관 맥아더 장군은 가족과 직속을 데리고 호주로 피신하면서 '나는 돌아오리라(I shall return)'라고 했지만 일본군이 열대 땡볕 속에서 남은 미군·필리핀 포로 7만 5천 명을 바탄(Bataan)에 있는 미국 군단사령부부터 128km를 강제로 이동하게 하여 약 2,000명 사상자를 냈다(Bataan Death March). 더구나 그 많은 포로의 차량수송과 식수 준비가 전혀 되지 않았다는 것이다. 그 죄로 일본군 사령관, 관련 장교들, 진용 간 한국인 포로수용소 보초까지 전범으로 사형 당했다. 정의는 승자에만!

이런 죽음의 행군에서 살아남은 원주민은 310 자치구에 분산 수용되었다. 농사도 지을 수 없는 불모지의 땅은 부족 공유지로 개인 소유권도 허용되지 않았다. 그래서 집이나 상가를 지어도 소유권이 없다보니 임시 막사만 지어 아직까지 살고 있다. 영원한 난민촌과 마찬가지인 것이다.

생활기반이 없는 패자들은 생활비로 지급되는 얼마 안 되는 미국
정부의 복지금에 영원히 의존하는 신세가 되었다. 이 150년간의 미
국 정부복지제도의 비참한 결과는 다음 통계가 말해준다.

·빈곤율 미국 평균의 배

·일부 보호구역은 실업률 90%

·일반전화도 없는 가정 68%

·고등학교 졸업율 미국 최하

·전기·수도 보급률 최하


·청소년 자살률 미국 최고

·비만과 서구병 미국 최고

·살인 강간 등 중범죄 발생비율 미국 최고

·가정불화 미국 최고

나쁜 것은 다 미국 최고이고 좋은 것은 다 미국 최하를 기록하고
있다(자료: 미국 원주민 역사와 통계).

보호구역에 입소한 뒤 약 100만 명의 원주민은 이 지옥에서 자진
출소했다. 다행스럽게도 이렇게 정부의 복지혜택을 받지 않고 자진
해서 보호구역에서 나온 원주민은 남들처럼 살고 있고 일부는 아주

보호구역 안내표지판

원주민의 집

혼혈 가족. 혼혈 2세대가 넘으면 분간하기 어렵다

잘 살고 있다.

150년 전 자존심과 용감무쌍한 같은 아시아 민족이 이렇게 정신과 육체가 모두 무기력한 폐인 집단으로 변할 수가……. 처음에는 인도적인 의도를 갖고 시작한 미국 정부의 복지제도의 최종 결산이다!

지상의 낙원(?) 사이판에서 워싱턴에 돌아와 미국 국회에 결과를 보고하러 갔다. 사이판 인구·경제 통계조사 결과를 미국 복지기준 소득에 적용하면 사이판 지사와 몇 가구를 제외한 나머지 90%의 주민이 수혜자가 되기 때문에 이것도 사이판 주민의 자존심 문제가 될 수 있었다. 그래서 그 기준을 태평양 섬나라 사람 경제사정에 맞게 조정했다.

종종 정부 행정 관료들이 국회의원들에게 너무 정직하게 말하다 꾸중(Scolding)을 맞고 돌아온다. 1970년 당시 소련의 흉년으로 세계 곡물가가 올라 농산물을 외교적으로 무기화한다는 소문이 돌았고 국회도 세계 농산물 안보문제로 농무부 경제연구처 국장에게 올해 대두가격 동향을 물었다. 이에 국장이 '4~8달러로 봅 니다'라고 대답했다가 벼락이 떨어졌다. '여보시오, 그런 소리는 내 비서도 그 정도는 말할 수 있겠소(Look! My secretary at the office could tell me that much)!'

이 경우는 두 사람 다 바른 말을 한 것이다. 국회의원은 경제 전문가를 불러 비전문가인 자신에게 기억하기 쉬운 한 숫자를 제시해 주기를 기대했고 전문가는 점쟁이가 아닌 이상 자신이 알 수 없는 미래 상황을 한 수치로 말하면 연말에는 100% 틀린 예보가 되기 때문에 그렇게 대답한 것이다. 너무 정직한 전문가인 국장이 비전문가인 국회의원한테서 꾸중을 맞은 것이다.

나는 자신 있고 큰 목소리로(Loud and Clear) 통계 수치를 기억하기 쉽게 사사오입하여 간단하게 '인구는 5만, 5인 가구, 년 가구소득은 $8,000달러이다' 하고 보고해 국회의원들의 반격을 면했다. 통계수치는 당연히 정확하지 않다. 자신 있게 사이판의 경제상황을 말할 사람은 미국에서 나 뿐이니 나에게 국회의원이 질문하는 것이다. 혹시 국회 공청(Public Hearing)에서 잘못 말해도 정부 관보(Federal Register)를 인쇄하기 전에 원고를 고치도록 기회를 주기 때문에 뒤에 수정하면 된다. 이런 미국 국회에서의 문답의 요령은 한국 점술가들이 '모범 선생'이다. 점 보러 가는 사람이 불안 속에서 자신을 전혀 모르는 점쟁이를 찾으러 가는 이유는 거짓말이라도 무슨 확답을 바라는 것이다. '용한 점쟁이'는 듣기 쉽게 짧게 만든 말을 자신 있게 확답하는 화술을 가진 사람이다.

어떤 형태든 장기적인 외부 의존은 자립심, 자신감, 책임감을 상실하게 하고 유능한 사람이라도 가진 능력과 해보겠다는 용기를 차차 잃게 하여 인성에 녹이 쓸게 되면서 이 경쟁사회의 낙오자가 되게 만든다는 것이다.

동물의 세계를 보면 본능적으로 일정한 기간 내에 어미가 보호하다 완전히 떼어 버린다(Wane). 이 행위가 인류에게는 무자비하게 보이지만 이렇게 하지 않는다면 약한 유전자 계승으로 종족이 존속하지 못했을 것이다. 사람도 동물의 하나가 아닌가?

이런 차원에서 과분한 정부복지 혜택은 한 사람이 아닌 수혜를 받는 사회집단을 무능화시키고 또 이것이 다음 세대로 세습되는 우려가 낳는다. 부전자전이라는 말이 일부 서구 복지사회에 현실화되고 있다는 것이다. 그야말로 인류의 퇴화랄까?

유럽에서는 유태계, 미국에서는 동양계와 같은 동양계인 미국 원주민이 오랫동안 박해를 받았다. 역사적으로도 각국 정부와 사회는 유태계와 동양계가 죽든 살든 사정없이 박해를 계속했다. 하지만 그중 미국 원주민은 보호구역에서 빼앗긴 땅의 보상으로 정부의 복지 혜택을 받았다.

유태계와 동양계는 먹고 살기 위해 교육을 통해 자립·자생할 길을 찾아 각자의 노력으로 과거 박해한 계층보다 지금은 상위에 자리를 잡고 있다. 반면 용맹과 독립심을 자랑하던 미국 원주민은 보상금조로 받는 복지혜택에만 의지하게 되어 땅뿐만 아니라 자존심까지 빼앗긴 폐인 집단이 되었다.

과잉 복지와 보호의 폐단과 실패는 정부의 복지제도에서만 볼 수 있는 것은 아니다. 한 가족 내에서도 과잉 보호받은 형제는 낙오자가 될 확률이 높다(The same cause and effect equation applies to an indivisual as well as a Nation). 최근 의학연구에서도 사람이 태어날 때 몸속에 있는 세균 수는 몸의 세포 수만큼 많다고 한다. 그래서 아기를 생후 무균상태 환경에서 기르면 뒤에 면역력이 약해져 각종 병균에 무방비하게 노출되게 된다.

사회복지제도는 그 사회에 부유층의 세원이 충분해야만 성립된다. 만일 집권자가 과다한 세금으로 부유층을 잡는다고 하면 '황금알 놓는 닭을 잡아먹는 격이 된다. 요즘 같은 글로벌 시대에는 돈과 능력이 있는 기업과 인재가 어느 나라, 어느 곳에 가도 환영을 받으니 구태여 그런 정부 밑에 참고 살 필요가 없기 때문이다. 그래서 사업체와 거주지를 옮기면 그 나라의 실업자는 더 많아지고 세원은 더 고갈될 수밖에 없다. 이 현상이 이미 EU에 나타나기 시작하고 있다.

우리는 서구식 복지제도 시행의 실패와 그 결과를 잘 파악하여 같은 오류를 범하는 것을 피하고 한국 재정사정에 맞고 국고를 탕진하지 않는 복지모델(균형재정 복지제도)을 구상하여 적절하게 시행해야

공무원 연수

동료와 갔던 농산물 연구소 출장

할 것이다.

미국이나 OECD 국가들의 복지정책의 실패를 교훈으로 우리는 우리 조상들의 좋은 전통을 보전하고 우리 재정 사정에 맞는 중용(中庸)의 복지제도로 무조건적인 모방보다 한국형 복지 모형(Korean Welfare Model)을 시행해야 한다. 이미 한국 사람의 교육열은 세계 모델이 되어 있으니 복지 면에서도 세계 모델이 될 수 있을 것이다.

# VI. 맺음말:
## 글로벌 시대에 대처하는 자세

# VI.

## 글로벌 시대에 대접받는 자세

미국 명언에 '왕(여왕)처럼 처신하면 왕(여왕) 대접 받는다(If you behave like a King/queen, you will be treated like a King/queen)'는 말이 있다. 이 미국 속담은 개인, 민족, 국가에도 다 같이 적용된다.

한국은 강대국 속에서 살아남기 위해 중국, 몽골, 청, 일본의 눈치를 보고 살아 왔다. 하지만 미국은 영국왕에게서 독립한 후 자기들 속담대로 당당한 '왕' 행세 외교 정책으로 세계에서도 '왕' 대접을 받고 있지 않은가!

남의 나라, 남 눈치 보지 말고, 미국 같이 자기 자신의 능력을 키워 부강하게 되는 것이 개인과 국가의 왕도이다. 우리말로는 '자주독립(自主獨立)'이고 미국말로는 'Self-Independence'이다.

동방의 지혜: 수신(修身), 제가(齋家), 치국(治國), 평천하(平天下)

미국의 지혜: Button up, not top down.